Handbuch der parlamentarischen Praxis,

Verfahrens- und Debattenregeln in beratenden Versammlungen

Luther Stearns Cushing

(Herausgeber: Frances P. Sullivan)

Writat

Diese Ausgabe erschien im Jahr 2024

ISBN: 9789359944692

Herausgegeben von
Writat
E-Mail: info@writat.com

Inhalt

ERKLÄRUNG DES AUTORS.

DIE folgende Abhandlung ist nur ein Teil eines viel größeren und umfassenderen Werks, das den gesamten Bereich des parlamentarischen Rechts und der parlamentarischen Praxis abdeckt und an dessen Vorbereitung sich der Autor seit einiger Zeit beteiligt hat; und es ist seine Absicht, es so bald wie möglich zu vervollständigen und zu veröffentlichen. Mittlerweile ist dieses kleine Werk hauptsächlich aus dem größeren Werk auf Wunsch der Verleger zusammengestellt worden, um einen Bedarf zu decken, der in erheblichem Umfang vorhanden sein sollte.

Die jetzt der Öffentlichkeit vorgelegte Abhandlung ist als *Handbuch für beratende Versammlungen* aller Art gedacht, insbesondere aber für solche, die ihrem Charakter nach nicht gesetzgebender Natur sind; Obwohl diese Arbeit mit Ausnahme der Hauptpunkte, in denen sich gesetzgebende Körperschaften von anderen unterscheiden, nämlich die verschiedenen Phasen oder Lesarten eines Gesetzentwurfs und Konferenzen und Änderungsanträge zwischen den beiden Zweigen, gleichermaßen nützlich sein wird gesetzgebende Versammlungen wie in anderen.

Das einzige Werk, das bisher in diesem Land allgemein verwendet wurde und sich auf die Verhandlungen von gesetzgebenden Versammlungen bezieht, ist die Zusammenstellung, die ursprünglich von Herrn Jefferson, als er Vizepräsident der Vereinigten Staaten war, für die Verwendung durch das Gremium erstellt wurde, dem er vorstand präsidierte und allgemein als *Jefferson's Manual bekannt ist*. Man kann sagen, dass diese Arbeit, die in unseren gesetzgebenden Körperschaften ausgiebig genutzt wurde und in einigen Staaten ausdrücklich gesetzlich sanktioniert wurde, sozusagen die Grundlage des gemeinsamen parlamentarischen Rechts dieses Landes bildete. Vor diesem Hintergrund hat der Autor der folgenden Abhandlung die von Herrn Jefferson festgelegten Grundsätze und Regeln (und die von ihm hauptsächlich aus der ausführlichen Arbeit von Herrn Hatsell übernommen wurden) als die etablierten Regeln zu diesem Thema betrachtet. und hat sie dementsprechend zur Grundlage der vorliegenden Zusammenstellung gemacht, mit einer gelegentlichen Bemerkung, in einer Notiz, als Erläuterung oder Anregung, wann immer er es für notwendig hielt.

Mitglieder gesetzgebender Körperschaften, die möglicherweise Gelegenheit haben, von diesem Werk Gebrauch zu machen, sollten *allgemeine parlamentarische Recht* kann ; die in jeder gesetzgebenden Versammlung mehr oder weniger durch besondere Regeln geändert oder kontrolliert wird.

LSC

BOSTON , 1. November 1844.

EINFÜHRUNG.

1 . DIE Zwecke, zu denen eine beratende Versammlung jedweder Art eingesetzt wird, können nur verwirklicht werden, indem der Sinn oder Wille der Versammlung im Hinblick auf die verschiedenen ihr unterworfenen Themen ermittelt und dieser Sinn oder Wille verkörpert wird in einer verständlichen, authentischen und maßgeblichen Form. Dazu ist es zunächst erforderlich, dass die Versammlung ordnungsgemäß konstituiert und organisiert ist; und zweitens, dass es seine Verfahren nach bestimmten Regeln und in Übereinstimmung mit bestimmten Formen durchführen sollte, die erfahrungsgemäß am besten für den Zweck geeignet sind.

2 . Einige beratende Versammlungen, insbesondere solche, die aus dauerhaft eingerichteten Körperschaften wie kommunalen und anderen Körperschaften bestehen, werden in der Regel aufgrund bestimmter gesetzlicher Bestimmungen konstituiert und organisiert während andere, die gelegentlichen oder vorübergehenden Charakter haben, wie z. B. Kongresse und politische Treffen, sich bei ihrer Zusammenkunft zum Zweck ihrer Ernennung konstituieren und organisieren.

3 . Die gebräuchlichste und bequemste Art, eine beratende Versammlung zu organisieren, ist die folgende: Die Mitglieder werden am für ihre Versammlung bestimmten Ort und Zeitpunkt versammelt, einer von ihnen wendet sich an die anderen und bittet sie, zur Ordnung zu kommen ; Daraufhin setzen sich die Mitglieder zusammen, richten ihre Aufmerksamkeit auf ihn, weisen auf die Angemessenheit und Notwendigkeit ihrer Organisation hin, bevor sie mit der Arbeit fortfahren, und bitten die Mitglieder, eine Person als Vorsitzenden der Versammlung zu ernennen. Wird daraufhin ein oder mehrere Namen genannt, erklärt er, dass eine solche Person (deren Name er zuerst gehört hat) zum Vorsitzenden ernannt wird, und beantragt, dass die so genannte Person gebeten wird, den Vorsitz zu übernehmen. Sollte diese Frage negativ entschieden werden, ist eine erneute Nominierung einzufordern und wie zuvor eine Frage auf den genannten Namen (den Namen einer anderen , und so weiter, bis eine Wahl getroffen wird . Wenn ein Vorsitzender gewählt wird, übernimmt er den Vorsitz und vervollständigt auf die gleiche Weise die Organisation der Versammlung, indem er einen Sekretär und gegebenenfalls weitere Amtsträger wählt, die er für notwendig erachtet.

4 . Eine auf diese Weise durchgeführte Organisation kann für alle Zwecke der Versammlung ausreichend sein und ist es häufig auch; Wenn es jedoch aus irgendeinem Grund gewünscht wird, eine größere Anzahl von Offizieren zu haben oder sie mit mehr Bedacht auswählen zu lassen, ist es üblich, vorübergehend auf die oben beschriebene Weise zu organisieren und dann

das Thema auf eine permanente zu übertragen Organisation und Auswahl der für die einzelnen Ämter zu nominierenden Personen an einen Ausschuss; Auf dessen Bericht hin beginnt die Versammlung, sich entsprechend oder auf eine andere Art und Weise zu organisieren, die ihr angemessen erscheint.

[„Im Kongress und allen Unterhäusern der gesetzgebenden Körperschaften der Bundesstaaten und einigen Senaten der Bundesstaaten wird der Vorsitzende *Sprecher genannt* ; während im Senat der Vereinigten Staaten und in einer Reihe von Senaten der Bundesstaaten der Name „ *Präsident"* verwendet wird." – ED.]

5 . Der Vorsitzende wird in der Regel *als Präsident* Protokollführer als *Sekretär* . Allerdings werden diese Beamten manchmal auch als *Vorsitzender* bzw. *Angestellter bezeichnet* . Es ist nicht ungewöhnlich, neben einem Präsidenten einen oder mehrere Vizepräsidenten zu haben; die gelegentlich den Vorsitz übernehmen, wenn der Präsident nicht anwesend ist oder wenn er seinen Vorsitz zurückzieht, um als Mitglied an der Verhandlung teilzunehmen; die aber zu anderen Zeiten, obwohl sie Sitze neben dem Präsidenten einnehmen, lediglich als Mitglieder fungieren. Es kommt auch häufig vor, dass mehrere Personen zu Sekretären ernannt werden; in diesem Fall gilt der Erstgenannte als Hauptgeschäftsführer. Alle Beamten sind normalerweise Mitglieder der Versammlung 1 ; und als solcher berechtigt, am Verfahren teilzunehmen; mit der Ausnahme, dass sich der Vorsitzende normalerweise nicht an der Debatte beteiligt und nur dann abstimmt, wenn die Versammlung gleichmäßig verteilt ist.

6 . In allen beratenden Versammlungen, deren Mitglieder gewählt oder ernannt werden, um andere zu vertreten, ist es notwendig, bevor man mit der Arbeit fortfährt, ordnungsgemäß gewählt und als Mitglieder zurückgekehrt ist; damit nicht nur niemand zur Teilnahme an der Verhandlung zugelassen werden darf, der dazu nicht regelmäßig befugt ist, sondern auch, dass eine Liste der Mitglieder für die Zwecke der Versammlung und ihrer Amtsträger erstellt werden kann.

7 . Der richtige Zeitpunkt für diese Untersuchung liegt nach der temporären und vor der permanenten Organisation; oder, wenn die Versammlung dauerhaft organisiert ist, zunächst, bevor sie mit der Abwicklung anderer Geschäfte fortfährt; und die bequemste Art der Durchführung ist die Ernennung eines Ausschusses, der die Beglaubigungen der Mitglieder entgegennimmt und darüber Bericht erstattet. Derselbe Ausschuss kann auch mit der Untersuchung konkurrierender Ansprüche beauftragt werden, sofern solche vorliegen.

8 . Wenn eine Frage auftaucht, die das Recht eines Mitglieds auf seinen Sitz betrifft, hat dieses Mitglied Anspruch darauf, zu dieser Frage gehört zu werden, und muss sich dann aus der Versammlung zurückziehen, bis darüber

entschieden ist; Bleibt er aber mit Zustimmung der Versammlung während der Diskussion an Platz, darf er sich nicht mehr daran beteiligen und auch nicht abstimmen, wenn die wird; Es ist eine Grundregel aller beratenden Versammlungen, dass diejenigen Mitglieder, deren Rechte als solche noch nicht aufgehoben sind, ein Gericht bilden, das über die Fälle derjenigen entscheidet, deren Mitgliedschaftsrechte in Frage gestellt werden. Daher sollte bei der Auswahl der Amtsträger und bei der Ernennung von Ausschüssen stets darauf geachtet werden, nur diejenigen Personen zu benennen, deren Rechte als Mitglieder nicht in Frage gestellt werden.

9 . Da sich der Ort, an dem eine Versammlung stattfindet, in seinem Besitz befindet und rechtmäßig zu seiner Nutzung bestimmt ist, ist niemand berechtigt, dort anwesend zu sein, außer mit Zustimmung der Versammlung; und wenn sich folglich eine Person weigert, auf Anordnung dazu zurückzutreten, oder sich unordentlich oder unangemessen verhält, kann die Versammlung zweifellos ausreichende Gewalt anwenden, um diese Person aus der Sitzung zu entfernen.

10 . Jede beratende Versammlung durch die bloße Tatsache ihrer Einberufung und Konstituierung zwangsläufig jene Regeln und Vorgehensweisen und wird ihnen unterworfen, ohne die es ihr unmöglich wäre, die Ziele ihrer Gründung . Es ist jedoch völlig befugt, dass jedes dieser Gremien – und wenn das Geschäft von erheblichem Interesse und großer Bedeutung ist oder wahrscheinlich einige Zeit für seine Erledigung in Anspruch nimmt, ist es nicht ungewöhnlich – auch bestimmte Sonderregeln für die Regelung seiner Verfahren erlässt . In diesem Fall gehen diese letzteren in allen Punkten, auf die sie sich beziehen, den ordentlichen parlamentarischen Regeln vor; oder sie in den Einzelheiten ergänzen, für die es keine parlamentarische Regelung gibt; Im Übrigen bleibt das, was man als gemeinsames parlamentarisches Recht bezeichnen könnte, in vollem Umfang in Kraft.

11 . Die Regeln für parlamentarische Verfahren in diesem Land leiten sich von denen des britischen Parlaments ab und stimmen im Wesentlichen mit diesen überein. Um diese Regeln jedoch an die Umstände und Bedürfnisse unserer gesetzgebenden Versammlungen anzupassen, wurden sie in einigen Punkten geändert, in anderen anders angewendet und in anderen wiederum über ihre ursprüngliche Absicht hinaus erweitert. Zu diesen Regeln pflegt jede gesetzgebende Versammlung einen eigenen Kodex hinzuzufügen, durch den in Verbindung mit dem ersteren ihre Verfahren geregelt werden. Die auf diese Weise von den verschiedenen gesetzgebenden Versammlungen angenommenen Regeln erneuert – mit solchen Erweiterungen, Änderungen und Ergänzungen, die von Zeit zu Zeit für notwendig erachtet wurden – und das Ergebnis ist, dass ein System von In jedem Staat wurden parlamentarische Regeln festgelegt, die sich in einigen Einzelheiten von

denen aller anderen Staaten unterscheiden, aber dennoch auf allen wesentlichen Regeln des gemeinsamen parlamentarischen Rechts basieren und diese umfassen.

12 . Da die Verfahrensregeln in jedem Staat natürlich den Bürgern dieses Staates am besten bekannt sind, kam es in beratenden Versammlungen manchmal vor, dass die Verfahren nicht nur nach dem allgemeinen Parlamentsrecht, sondern auch in Übereinstimmung mit dem allgemeinen Parlamentsrecht durchgeführt wurden besonderes System des Staates, in dem die Versammlung tagte oder aus dessen Bürgern sie sich zusammensetzte. Dies ist jedoch falsch; da keine gelegentliche Versammlung jemals anderen Regeln unterliegen kann als denen, die von allgemeiner Geltung sind oder die sie speziell für ihre eigene Regierung annimmt; und die von einer gesetzgebenden Versammlung angenommenen und praktizierten Regeln erhalten dadurch nicht den Charakter allgemeiner Gesetze.

13 . Das Urteil, die Meinung, der Sinn oder der Wille Versammlung wird je nach Art des Themas entweder durch einen Beschluss, eine Anordnung oder eine Abstimmung zum Ausdruck gebracht Wenn es befiehlt, geschieht es auf *Befehl*; aber Tatsachen, Grundsätze, seine eigenen Meinungen oder Absichten werden am besten in der Form einer *Resolution ausgedrückt* ; Der Begriff „*Abstimmung*" kann auf das Ergebnis jeder von der Versammlung beschlossenen Frage angewendet werden. In welcher Form jedoch auch immer eine Frage gestellt wird oder wie sie auch genannt werden mag, die Vorgehensweise ist dieselbe.

14 . Das Urteil oder der Wille einer beliebigen Anzahl von Personen, die als Gesamtheit betrachtet werden, ist das, was durch die Zustimmung oder Zustimmung der größeren Anzahl von ihnen bewiesen wird; und die einzige Möglichkeit, dies in Bezug auf ein bestimmtes Thema festzustellen, besteht darin, dass einer von ihnen zunächst den anderen einen Vorschlag vorlegt, der in einer solchen Wortform ausgedrückt wird, dass er, wenn er von den Erforderlichen bestätigt wird, den anderen einen Vorschlag unterbreitet Zahl, es wird vorgeben, das Urteil oder den Willen der Versammlung auszudrücken. Dieser Vorschlag wird dann eine Grundlage für die weitere Verhandlung der Versammlung bilden; zugestimmt, abgelehnt oder geändert werden, je nachdem, ob es die Meinung der Mehrheit der Mitglieder zum Ausdruck bringt oder nicht, oder dass es so gestaltet werden kann, dass es die Meinung einer Mehrheit der Mitglieder zum Ausdruck bringt. Die , die von der ersten Einreichung eines Vorschlags über alle möglichen Änderungen bis zur endgültigen Entscheidung der Versammlung darüber stattfinden, bilden den Gegenstand der Debatten- und Verfahrensregeln in beratenden .

15 . Wenn sich die Verfahren einer beratenden Versammlung auf die Unterbreitung von Vorschlägen durch die einzelnen Mitglieder und deren Annahme oder Ablehnung durch die Stimmen der Versammlung beschränken würden, gäbe es in einem solchen Gremium nur sehr wenig Anlass für Regeln. Dies ist jedoch nicht der Fall. Die Aufgaben der Mitglieder beschränken sich nicht darauf, die ihnen vorgelegten Fragen zu bejahen oder zu verneinen. Wenn ein Vorschlag gemacht wird und dieser nicht sofort angenommen oder abgelehnt wird, ist die Versammlung möglicherweise nicht bereit, ihn überhaupt zu prüfen und darauf zu reagieren. oder es möchte die Behandlung des Themas auf einen späteren Zeitpunkt verschieben; oder es ist möglicherweise bereit, den Vorschlag mit bestimmten Modifikationen zu übernehmen; oder schließlich, wenn die Versammlung den Gegenstand billigt, ihn aber in einer so groben, unvollkommenen oder anstößigen Form dargelegt findet, dass er in diesem Zustand überhaupt nicht berücksichtigt werden kann, kann es sein, dass die Versammlung den Wunsch wünscht, den Vorschlag vorher weiter prüfen und verdauen zu lassen wird vorgestellt. Um es der Versammlung zu ermöglichen, den oben genannten Weg einzuschlagen, den sie für richtig hält, und dann über jeden Vorschlag in geeigneter Weise zu entscheiden, wurden bestimmte Anträge oder Frageformen erfunden, die für diesen Zweck vollkommen geeignet sind werden in allen beratenden Versammlungen allgemein verwendet.

---

1 In gesetzgebenden Körperschaften ist der Sachbearbeiter selten oder nie Mitglied; und in einigen Fällen ist der Vorsitzende kein Mitglied; wie zum Beispiel im Senat der Vereinigten Staaten, im Senat von New York und in einigen anderen Senaten der Bundesstaaten.
Zurück zum Text

KAPITEL I.
BESTIMMTER VORBEREITUNG.

16 . Bevor wir uns mit den Verfahrensformen und -regeln bei Geschäftsabwicklungen befassen, ist es zweckmäßig, bestimmte Fragen vorläufiger Natur zu berücksichtigen, die für die Ordnungsmäßigkeit, den Ablauf und die Effizienz des Verfahrens mehr oder weniger wesentlich sind.

ABSCHNITT I. QUORUM. 2

17 . In allen Räten und anderen kollektiven Gremien derselben Art ist es notwendig, dass eine bestimmte Anzahl, Quorum genannt, der Mitglieder zusammenkommt und anwesend ist, um Geschäfte abzuwickeln. Diese Regelung wurde als wesentlich erachtet, um ein faires Verfahren zu gewährleisten. und um zu verhindern, dass Angelegenheiten voreilig abgeschlossen oder von so wenigen Mitgliedern vereinbart werden, dass sie keinen gebührenden und angemessenen Respekt erfordern.

18 . Die Zahl, die erforderlich ist, um das Quorum einer Versammlung zu bilden, kann durch Gesetz festgelegt werden, wie es bei den meisten unserer gesetzgebenden Versammlungen der Fall ist; oder durch Gebrauch, wie im englischen Unterhaus; oder es kann von der Versammlung selbst festgelegt werden; Wenn aber zu diesem Thema keine Regel aufgestellt wird, ist in irgendeiner dieser Weise die Mehrheit der Mitglieder, aus denen sich die Versammlung zusammensetzt, erforderlich.

19 . Solange kein Quorum vorliegt, kann ein Geschäft regelmäßig nicht abgeschlossen werden; Auch wenn es den Anschein hat, dass die Zahl der anwesenden Mitglieder unter diese Zahl sinkt, kann kein Geschäft regelmäßig weitergeführt werden. Folglich sollte der Vorsitzende nicht den Vorsitz übernehmen, bis festgestellt wurde, dass die richtige Anzahl anwesend ist. und wenn zu irgendeinem Zeitpunkt im Laufe des Verfahrens festgestellt wird, dass kein Quorum vorhanden ist, und dies nach der Auszählung der Mitglieder durch den Vorsitzenden der Fall zu sein scheint, muss die Versammlung dies tun sofort vertagt werden. 3

SEKTE. II. REGELN UND BEFEHLE.

20 . Jede beratende Versammlung ist, wie bereits festgestellt, allein durch die Tatsache ihrer Existenz den Verfahrensregeln unterworfen, ohne die sie die Ziele ihrer Gründung nicht erreichen könnte. Er kann sich auch selbst Regeln geben, entweder in Form eines vorab festgelegten allgemeinen Kodex oder durch die Annahme von Sonderregeln, die er von Zeit zu Zeit während seiner Sitzung für erforderlich hält.

21 . Wenn ein Regelwerk vorab verabschiedet wird, ist es üblich, darin auch die Art und Weise festzulegen, in der diese geändert, aufgehoben oder aufgehoben werden können. Wenn es keine solche Bestimmung gibt, ist es für die Versammlung zuständig, jederzeit und in der üblichen Weise über Fragen der Änderung oder der Aufhebung zu entscheiden; Aber was den Verzicht auf eine Regel oder deren Aussetzung in einem bestimmten Fall anbelangt, wenn es keine ausdrückliche Bestimmung zu diesem Thema gibt, scheint dies nur mit allgemeiner Zustimmung möglich zu sein. 4

22 . Wenn eine der von der Versammlung angenommenen oder für ihre Vorgehensweise geltenden Regeln missachtet oder verletzt wird, hat jedes Mitglied das Recht, dies zur Kenntnis zu nehmen und zu verlangen, dass der Vorsitzende oder jede andere Person, die dazu verpflichtet ist, dies zur Kenntnis nimmt ist, diese Regel in die Tat umzusetzen; und in diesem Fall muss die Regel sofort und ohne Debatte oder Verzögerung durchgesetzt werden. Dann ist es zu spät, die Regel zu ändern, aufzuheben oder auszusetzen; Solange irgendein Mitglied auf seiner Ausführung besteht, muss es durchgesetzt werden.

SEKTE. III. ZEITPUNKT DES TREFFENS.

23 . Jede Versammlung, die ihr Geschäft wahrscheinlich nicht in einer Sitzung abschließen wird, wird es zweckmäßig finden, im Voraus eine Anordnung oder einen Beschluss über den Zeitpunkt der erneuten Zusammenkunft nach einer Vertagung zu treffen; Es ist im Allgemeinen peinlich, die Stunde zu diesem Zweck festzulegen, wenn die Sitzung zu Ende geht und im Zusammenhang mit dem Antrag auf Vertagung.

SEKTE. IV. PRINZIP DER ENTSCHEIDUNG.

24 . Das Prinzip, nach dem die Entscheidungen aller Gesamtorgane wie Räte, Körperschaften und beratende Versammlungen getroffen werden, ist das der Mehrheit der Stimmen oder Wahlrechte; und diese Regel gilt nicht nur in Bezug auf Fragen und Themen, die nur eine Bejahung auf der einen und eine Verneinung auf der anderen Seite zulassen, sondern auch in Bezug auf Wahlen, bei denen mehr als zwei Personen das Stimmrecht erhalten können.

25 . Diese Regel kann jedoch durch eine Sonderregel in Bezug auf ein bestimmtes Thema oder eine bestimmte Frage kontrolliert werden; durch die eine geringere Zahl als die Mehrheit zugelassen werden kann, oder jede größere Zahl, die erforderlich ist, um den Willen der Versammlung zum Ausdruck zu bringen. So wird in gesetzgebenden Versammlungen häufig vorgesehen, dass nur ein Drittel oder ein Viertel der Mitglieder ausreicht, um die Beantwortung einer Frage mit Ja und Nein 5 und andererseits zu verlangen , dass keine Änderung der Regeln und Anordnungen ohne

Zustimmung von mindestens zwei Dritteln oder sogar einer größeren Anzahl erfolgen darf.

---

2 „Der Begriff „ *Quorum* " (wörtlich „ *von wem* ") ist eines der in England verwendeten Wörter in der lateinischen Form der Kommission für Friedensrichter. Der Teil des Dokuments, in dem das Wort vorkommt, lautet wie folgt: „Wir haben Ihnen und allen zwei oder mehr von Ihnen das *quorum aliquem vestrum* , A, B, C, D usw., *unum esse volumus* – dh *von wem* wir – zugewiesen Willst du, dass einer von euch A, B oder C usw. einer sein soll? Dies machte es erforderlich, dass bestimmte Personen, von denen in der Sprache der Kommission gesagt wurde, sie seien beschlussfähig , während der Geschäftsabwicklung anwesend sein sollten ." – *Blackstone's Commentaries* , I. 352.] *Zurück zum Text*

3 „Einige gesetzgebende Körperschaften haben per Gesetz einer kleineren Zahl als dem Quorum die Befugnis übertragen, die Anwesenheit abwesender Mitglieder zu erzwingen." – ED. *Zurück zum Text*

4 „Ein Antrag auf Aussetzung der Regeln ist nicht diskutierbar." – ED. *Zurück zum Text*

5 „In den Vereinigten Staaten wird die Anzahl der Mitglieder, die befugt sind, zu verlangen, dass eine Frage mit Ja und Nein behandelt wird, für den Kongress und für die gesetzgebenden Körperschaften der Bundesstaaten durch Verfassungsbestimmungen festgelegt.

In der Verfassung der Vereinigten Staaten beträgt die Zahl ein Fünftel; Einige Staatsverfassungen geben diese Befugnis einem Fünftel, andere drei Mitgliedern; einige zu zwei und einige zu eins." – ED. *Zurück zum Text*

KAPITEL II.
DER OFFIZIERE.

26 . Die üblichen und notwendigen Beamten einer beratenden Versammlung sind die bereits erwähnten, nämlich ein vorsitzender und ein protokollierender Beamter; Beide werden von der Versammlung selbst gewählt oder ernannt und sind nach eigenem Ermessen absetzbar. Diese Beamten müssen immer mit absoluter Mehrheit gewählt werden, auch in den Staaten, in denen Wahlen normalerweise durch eine Mehrheit durchgeführt werden, aus dem Grund, dass sie nach Belieben der Versammlung abgesetzt werden können, wenn eine Zahl, die nicht die Mehrheit erreicht, wählen sollte , Eine Person, die von einer so geringen Zahl gewählt wurde, wäre nicht in der Lage, ihr Amt für einen Moment zu behalten; insofern er aufgrund einer zu diesem Zweck gestellten Frage durch die Stimmen derjenigen, die bei der Wahl für andere Personen gestimmt hatten, sofort aus dem Amt entfernt werden könnte; und für die ordnungsgemäße und zufriedenstellende Erfüllung ihrer Aufgaben ist es von wesentlicher Bedeutung, dass diese Beamten das Vertrauen der Versammlung genießen, was man von ihnen nicht behaupten kann, es sei denn, sie verfügen über die Stimmrechte einer mindestens Mehrheit.

SEKTE. I. DER VORSITZENDE.

27 . Die Hauptaufgaben dieses Beamten sind folgende:

Die Sitzung zu dem Zeitpunkt, zu dem die Versammlung vertagt ist, zu eröffnen, indem man den Vorsitz übernimmt und die Mitglieder zur Ordnung ruft;

Das Geschäft vor der Versammlung in der Reihenfolge anzukündigen, in der es behandelt werden soll;

Alle von den Mitgliedern vorgelegten Anträge und Vorschläge ordnungsgemäß entgegenzunehmen und einzureichen;

Alle Fragen, die regelmäßig gestellt werden oder sich im Laufe des Verfahrens notwendigerweise stellen zu stellen und das Ergebnis bekannt zu geben;

Die Mitglieder bei der Debatte an die Regeln der Geschäftsordnung zu halten;

Bei allen Gelegenheiten die Einhaltung von Ordnung und Anstand unter den Mitgliedern durchzusetzen;

Alle Nachrichten und andere Mitteilungen zu empfangen und sie der Versammlung bekannt zu geben;

Bei Bedarf alle Handlungen, Anordnungen und Verfahren der Versammlung durch seine Unterschrift zu beglaubigen;

Die Versammlung zu informieren, wenn dies erforderlich ist oder zu diesem Zweck in einer Geschäftsordnungs- oder Praxisfrage vorgesehen ist;

Die Mitglieder zu benennen (wenn dies im Einzelfall angeordnet wird oder dies durch eine Regel zu seinen allgemeinen Pflichten gehört), die in Ausschüssen tätig sein sollen; und allgemein,

Die Versammlung zu vertreten und für sie einzutreten, ihren Willen zu erklären und in allen Dingen bedingungslos ihren Befehlen zu gehorchen.

28 . Wenn die Versammlung durch die Wahl eines Präsidenten und von Vizepräsidenten organisiert wird, ist es die Pflicht eines der letzteren, den Vorsitz zu übernehmen, im Falle der Abwesenheit des Präsidenten von der Versammlung oder seines Ausscheidens aus der Versammlung Vorsitzender zum Zweck der Teilnahme am Verfahren.

29 . Wenn nur ein Vorsitzender ernannt wird, kann dessen Stelle im Falle seiner Abwesenheit zunächst nur durch die Ernennung eines Präsidenten oder Vorsitzenden *pro tempore ersetzt werden* ; und bei der Wahl dieses Amtsträgers, der gewählt werden sollte, bevor andere Geschäfte erledigt werden, ist es die Pflicht des Sekretärs, das Verfahren zu leiten.

30 . Der Vorsitzende kann im Sitzen vorlesen, sollte sich jedoch erheben, um einen Antrag zu stellen oder der Versammlung eine Frage zu stellen.

SEKTE. II. DER AUFNAHMEOFFIZIER.

31 . Die Hauptaufgabe dieses Beamten besteht darin, sich über alle Verhandlungen Notizen zu machen und in seinem Tagebuch wahrheitsgemäße Aufzeichnungen aller in der Versammlung „erledigten und vergangenen Dinge" zu machen; aber er ist im Allgemeinen nicht verpflichtet, Protokolle über „Reden bestimmter Männer" anzufertigen oder Einträge zu lediglich vorgeschlagenen oder beantragten Dingen vorzunehmen, ohne an einer Abstimmung teilzunehmen. Er soll das Geschehene und Vergangene erfassen, nicht aber das Gesagte oder Bewegte. Dies ist die Regel in gesetzgebenden Versammlungen. In anderen Fällen wird, obwohl der Geist werden sollte, im Allgemeinen vom Sekretär erwartet, dass sein Protokoll sowohl ein Tagebuch als auch in gewisser Weise ein Bericht über die Verhandlungen ist.

32 . Es ist auch die Pflicht des Sekretärs, alle Papiere usw. zu lesen, deren Lektüre angeordnet werden kann; das Protokoll der Versammlung einzuberufen und die Abwesenheiten zur Kenntnis zu nehmen, wenn eine Einberufung angeordnet wird; die Liste anzurufen und die Antworten der Mitglieder zu notieren, wenn eine Frage mit Ja und Nein beantwortet wird;

die Ausschüsse über ihre Ernennung und die ihnen übertragenen Geschäfte zu informieren; und durch seine Unterschrift (manchmal allein und manchmal in Zusammenarbeit mit dem Präsidenten) alle Handlungen, Anordnungen und Verfahren der Versammlung zu beglaubigen.

33 . Der Gerichtsschreiber ist außerdem mit der Aufbewahrung aller zur Versammlung gehörenden Papiere und Dokumente jeglicher Art sowie des Protokolls ihrer Verhandlungen beauftragt und darf nicht zulassen, dass irgendein Mitglied oder eine andere Person eines davon vom Tisch nimmt , ohne Erlaubnis oder Anordnung der Versammlung.

34 . Wenn nur ein einziger Sekretär oder Angestellter ernannt wird, kann sein Platz während seiner Abwesenheit nur durch die Ernennung einer Person ersetzt werden, die *pro tempore handelt* . Wenn mehrere Personen ernannt werden, ist es unwahrscheinlich, dass diese Unannehmlichkeiten auftreten.

35 . Der Sachbearbeiter sollte stehen, während er vorliest oder die Versammlung einberuft.

KAPITEL III.
DER RECHTE UND PFLICHTEN DER MITGLIEDER.

36 . Die Rechte und Pflichten der Mitglieder einer beratenden Versammlung untereinander basieren auf dem Grundsatz ihrer absoluten Gleichheit untereinander und leiten sich daraus ab. Jedes Mitglied, wie bescheiden es auch sein mag, hat mit jedem anderen das gleiche Recht, der Versammlung seine Vorschläge vorzulegen, sie in der Diskussion zu erläutern und zu empfehlen und sie von der Versammlung geduldig prüfen und mit Bedacht entscheiden zu lassen; und andererseits ist es die Pflicht eines jeden, sich sowohl in der Debatte als auch in seinem allgemeinen Benehmen in der Versammlung so zu verhalten, dass er kein anderes Mitglied bei der Ausübung seiner gleichen Rechte behindert. Die Rechte und Pflichten der Mitglieder müssen nur in Bezug auf die in der Debatte gesprochenen Worte (unabhängig davon, ob sie von einem Mitglied oder nicht gesprochen werden) und auf das allgemeine Verhalten erläutert werden. Das erste lässt sich am besten im Kapitel über die Debatte erkennen; der andere wird an dieser Stelle berücksichtigt.

37 . Die Einhaltung des Anstands durch die Mitglieder einer beratenden Versammlung obliegt nicht nur ihnen selbst und einander als Herren, die zusammenkommen, um über Angelegenheiten von gemeinsamer Bedeutung und Interesse zu beraten, sondern ist auch für den ordnungsgemäßen und zufriedenstellenden Ablauf dieser Versammlung von wesentlicher Bedeutung eine Versammlung. Die Regeln zu diesem Thema sind zwar im Allgemeinen in Bezug auf den Anstand in der Debatte festgelegt, gelten jedoch gleichermaßen unabhängig davon, ob die Versammlung gerade debattiert oder nicht; und daher kann allgemein gesagt werden, dass kein Mitglied einen anderen oder die Versammlung selbst durch Zischen, Husten oder Spucken stören darf; indem Sie mit anderen Mitgliedern sprechen oder flüstern; indem wir der Unterbrechung anderer standhalten; durch Wechsel zwischen dem Vorsitzenden und einem sprechenden Mitglied; durch den Versammlungsraum gehen oder darin auf und ab gehen; Bücher oder Papiere vom Tisch nehmen oder dort schreiben.

38 . Alle diese Verstöße gegen den Anstand werden zweifellos dadurch verschlimmert, dass sie begangen werden, während die Versammlung debattiert, auch wenn sie unter allen anderen Umständen gleichermaßen gegen die Regeln der Anstandsregeln verstoßen. Angriffe eines Mitglieds auf ein anderes, Drohungen, Herausforderungen, Schlägereien usw. sind ebenfalls schwerwiegende Verstöße gegen den Anstand.

39 . Es stellt auch einen Verstoß gegen die guten Sitten dar, wenn ein Mitglied den Versammlungsraum mit bedecktem Kopf betritt oder sich mit aufgesetztem Hut von einem Ort zum anderen bewegt oder seinen Hut aufsetzt, wenn er hereinkommt oder abnimmt, oder bis er es getan hat nahm seinen Platz ein; und in vielen Versammlungen, insbesondere solchen, die aus einer kleinen Anzahl von Mitgliedern bestehen, ist es nicht üblich, den Kopf überhaupt zu bedecken.

40 . In allen Fällen unregelmäßigen und ungeordneten Verhaltens ist es die Zuständigkeit jedes Mitglieds und die besondere Pflicht des Vorsitzenden, sich bei der Versammlung zu beschweren oder die Straftat zur Kenntnis zu nehmen und die Versammlung darauf aufmerksam zu machen. Wenn der Vorsitzende eine Beschwerde dieser Art einreicht, soll er das schuldige Mitglied *nennen* ; das heißt, er erklärt gegenüber der Versammlung, dass ein solches Mitglied, indem er ihn beim Namen nennt, sich . Das Mitglied, dem somit eine Straftat gegen die Versammlung vorgeworfen wird, hat das Recht, an seiner Stelle zur Entlastung gehört zu werden und muss dann austreten. Nachdem er zurückgezogen wurde, gibt der Vorsitzende die begangene Straftat an, und die Versammlung beginnt mit der Prüfung des Ausmaßes und der Höhe der zu verhängenden Strafe. Die Versammlung kann dem beklagten Mitglied den Verbleib gestatten, wenn es seinen Austritt anbietet; Andererseits kann es ihn zum Rückzug verpflichten, wenn er dies nicht aus eigenem Antrieb anbietet. Das Verfahren ist ähnlich, wenn die Beschwerde von einem Mitglied eingereicht wird, mit der Ausnahme, dass die Straftat von diesem Mitglied und nicht vom vorsitzenden Beamten dargelegt wird.

41 . Kein Mitglied sollte in der Versammlung anwesend sein, wenn über eine ihn betreffende Angelegenheit debattiert wird; auch wenn er anwesend ist, darf er mit Zustimmung der Versammlung auch nicht über eine solche Frage abstimmen. Unabhängig davon, ob die betreffende Angelegenheit sein privates Interesse betrifft oder sich auf sein Verhalten als Mitglied bezieht, ob es sich um einen Verstoß gegen die Geschäftsordnung oder um eine Angelegenheit handelt, die sich in einer Debatte ergibt, hat das Mitglied dies zu tun, sobald es vor der Versammlung fair ist gehört zu werden und sich dann zurückzuziehen, bis die Angelegenheit geklärt ist Sollte dennoch ein Mitglied in der Versammlung bleiben und abstimmen, kann und sollte ihm seine Stimme verweigert werden; Es verstößt nicht nur gegen die Gesetze des Anstands, sondern auch gegen das Grundprinzip des Gesellschaftsvertrags, dass ein Mann in seinem eigenen Fall als Richter fungieren sollte.

42 . Die einzigen Strafen, die von einer beschließenden Versammlung der hier in Rede stehenden Art gegen ihre Mitglieder verhängt werden können, bestehen in Verweisen, – Ausschluss aus der Versammlung, – einem Rede- oder Abstimmungsverbot für eine bestimmte Zeit und – Ausschluss; Hinzu kommen noch andere Formen der Bestrafung, etwa durch Entschuldigung,

Bitten um Begnadigung usw., die die Versammlung nach eigenem Ermessen verhängen und von dem Täter unter Androhung der Ausweisung verlangen kann, dass er sich ihnen unterwirft.

KAPITEL IV.
DER EINFÜHRUNG DES GESCHÄFTS.

43 . Die Verhandlungen einer beratenden Versammlung zu einem bestimmten Thema werden in der Regel in erster Linie dadurch in Gang gesetzt eines der Mitglieder entweder eine Mitteilung von Nichtmitgliedern vorlegt oder ihm selbst einen Vorschlag die Versammlung.

44 . Es gibt zwei Arten von Mitteilungen an die Versammlung: solche, die lediglich der Information über Sachverhalte dienen, und solche, die eine Aufforderung zu einer Aktion seitens der Versammlung enthalten, entweder allgemeiner Art oder zum Nutzen eines Individuums. Lediglich Letztere bedürfen der Beachtung, da sie allein eine Grundlage für künftige Verfahren darstellen.

45 . Vorschläge der Mitglieder werden ausgearbeitet und durch Antrag in der Form eingebracht, die der Antragsteller vorlegen möchte, als Anordnungen, Beschlüsse oder Abstimmungen, sofern sie von der Versammlung angenommen werden sollen. Diese Vorschläge, welcher Art auch immer sie sein mögen, werden in der Regel als Anträge bezeichnet, bis sie angenommen werden; Sie nehmen dann den Namen an, der ihnen eigentlich zusteht.

46 . Wenn ein Mitglied Gelegenheit hat, irgendeine Mitteilung an die Versammlung zu machen — sei es, um eine Petition oder ein anderes Papier vorzulegen, einen Antrag jeglicher Art zu stellen oder zu unterstützen oder lediglich eine mündliche Erklärung abzugeben — auch Denn wenn jemand in einer Debatte vor der Versammlung sprechen möchte, muss er zunächst, wie man es ausdrückt, „das Wort ergreifen" für den Zweck, den er im Auge hat. Um dies zu tun, muss er an seiner Stelle aufstehen 6 und sich, unbedeckt stehend, mit seinem Titel an den vorsitzenden Beamten wenden; Als dieser sich so anreden hörte, rief er das Mitglied bei seinem Namen an; und das Mitglied kann dann, aber nicht vorher, mit seinen Geschäften fortfahren.

47 . Wenn zwei oder mehr Mitglieder gleichzeitig oder nahezu gleichzeitig aufstehen und sich an den Vorsitzenden wenden, sollte dieser dem Mitglied das Wort erteilen, dessen Stimme er zuerst gehört hat. Sollte seine Entscheidung nicht zufriedenstellend sein, kann jedes Mitglied sie in Frage stellen und sagen, dass seiner Meinung nach ein solches Mitglied (nicht das genannte) zuerst dran war, und die Versammlung darüber entscheiden lassen, welches der Mitglieder es ist sollte gehört werden. In diesem Fall sollte die Frage zunächst auf der Grundlage des Namens des Mitglieds beantwortet werden ; und, falls diese Frage verneint werden sollte, auf den Namen des Mitglieds, für das das Wort gegen ihn beansprucht wurde.

48 . Die Art und Weise, wie mit solchen Mitteilungen von Nichtmitgliedern verfahren wird, wie oben erwähnt, kann durch die Vorgehensweise bei der Vorlage einer Petition erklärt werden, die als Vertreter der gesamten Klasse, zu der sie gehört, angesehen werden kann.

49 . Damit eine Petition entgegengenommen werden kann, muss sie vom Petenten selbst eigenhändig entweder mit Namen oder Unterschrift unterschrieben sein, es sei denn, er ist krankheitsbedingt verhindert oder weil der Petent persönlich anwesend ist; und sollte nicht vom Antragsteller selbst vorgelegt oder angeboten werden, sondern von einem Mitglied, dem es zu diesem Zweck anvertraut wurde.

50 . Das Mitglied, das eine Petition einreicht, sollte sich zuvor über deren Inhalt informiert haben, um den Inhalt der Petition darlegen zu können, wenn sie sie der Versammlung vorlegt, und um auch darauf vorbereitet zu sein, zu sagen, ob Fragen gestellt werden sollten , dass es seiner Meinung nach in der richtigen Sprache abgefasst ist und nichts absichtlich Respektloses gegenüber der Versammlung enthält.

51 . Nachdem er so vorbereitet ist, erhebt sich das Mitglied an seinem Petition hat, wobei er den Inhalt darlegt, den er daraufhin der Versammlung vorlegt oder anbietet, und , beantragt gleichzeitig (was jedoch jedes andere Mitglied tun kann) dass es angenommen wird; Nachdem der Antrag angenommen wurde, wird die Frage gestellt, ob die Versammlung die Petition erhalten wird oder nicht. Dies ist der reguläre Ablauf; aber in der Praxis wird der Eingang einer Petition selten in Frage gestellt; Der Vorsitzende geht in der Regel davon aus, dass es keine Einwände gegen den Empfang gibt, es sei denn, dies wird ausdrücklich erklärt. Wenn jedoch Einspruch gegen eine Petition erhoben wird, bevor über sie anderweitig entschieden wurde, sollte der vorsitzende Beamte einen Rückzieher machen und verlangen, dass regelmäßig ein Antrag auf Annahme gestellt und unterstützt wird.

52 . Wird die Frage der Annahme bejaht, so wird die Petition von dem Mitglied, das sie vorlegt, zur Verhandlung gebracht; und wird da natürlich vom Sachbearbeiter vorgelesen. Es liegt dann regelmäßig vor der Versammlung und soll nach eigenem Ermessen behandelt werden; Die übliche Vorgehensweise besteht darin, entweder sofort mit der Prüfung des Themas fortzufahren oder ihm einen späteren Zeitpunkt für die Prüfung zuzuweisen oder anzuordnen, dass es zur Prüfung und Prüfung durch die Mitglieder einzeln auf den Tisch gelegt wird.

53 . Immer wenn ein Mitglied einen eigenen Vorschlag zur Prüfung durch die Versammlung einbringt, bringt er ihn in die von ihm gewünschte Form und beantragt dann, dass er als Beschluss, Beschluss oder Abstimmung der Versammlung angenommen wird. Wenn dieser Vorschlag bisher die Zustimmung anderer Mitglieder findet, sodass einer von ihnen an seiner

Stelle aufsteht und ihn unterstützt, kann er zur Frage gestellt werden; und das Ergebnis, ob positiv oder negativ, wird zum Urteil der Versammlung.

54 . Ein Antrag muss schriftlich eingereicht werden; andernfalls ist es berechtigt, dass der Vorsitzende den Empfang verweigert; er kann dies jedoch tun, wenn er möchte, und ist bereit, sich selbst die Mühe zu machen, es niederzuschreiben. Diese Regel erstreckt sich nur auf Hauptanträge, die, wenn sie angenommen werden, zum Gesetz werden und den Sinn der Versammlung zum Ausdruck bringen; nicht jedoch auf Neben- oder Nebenanträge 7 in der von ihr gewünschten Weise zu verfügen , und die stets in der gleichen Form vorliegen. Bei einem Änderungsantrag, bei dem es sich um einen Hilfsantrag handelt, lässt die Regel eine Ausnahme zu, soweit es um die Einfügung zusätzlicher Worte geht, die ebenso wie der Hauptantrag schriftlich erfolgen müssen.

55 . Ein Antrag muss auch unterstützt werden, das heißt, er muss zumindest von einem Mitglied genehmigt werden, indem er seine Zustimmung zum Ausdruck bringt, indem er aufsteht und sagt, dass er den Antrag unterstützt; und wenn ein Antrag nicht unterstützt wird, darf der Vorsitzende keinerlei Kenntnis davon nehmen; Allerdings werden in der Praxis sehr viele Anträge, insbesondere solche, die im Rahmen der normalen Geschäftsroutine gestellt werden, ohne Unterstützung angenommen. Diese Regelung gilt sowohl für Neben- als auch für Hauptanträge. Die Unterstützung eines Antrags scheint mit der Begründung erforderlich zu sein, dass die Zeit der Versammlung nicht durch eine Frage in Anspruch genommen werden sollte, die für alles, was auftaucht, niemanden außer dem Antragsteller hat. Es gibt einige offensichtliche Ausnahmen von dieser Regel, die im Folgenden aufgeführt werden, und zwar in den Fällen, in denen ein Mitglied allein das Recht hat, ein bestimmtes Verfahren einzuleiten oder die Leitung dafür zu erteilen; und eine tatsächliche Ausnahme wird manchmal durch eine Sonderregel gemacht die verlangt, dass bestimmte Anträge von mehr als einem Mitglied unterstützt werden.

56 . Wenn ein Antrag gestellt und unterstützt wurde, muss er vom Vorsitzenden der Versammlung vorgelegt werden und wird so zu einer Frage für deren Entscheidung. und bis dahin ist es nicht zulässig, einen anderen Antrag zu stellen 8 oder ein Mitglied dazu zu äußern; aber wenn ein Antrag vom Vorsitzenden gestellt, unterstützt und gestellt wird, liegt er im Besitz der Versammlung und kann vom Antragsteller nicht zurückgezogen werden, sondern durch eine Sondergenehmigung der Versammlung, die durch einen gestellten und unterstützten Antrag eingeholt werden muss in anderen Fällen.

57 . Wenn ein Antrag regelmäßig der Versammlung vorgelegt wird, ist es die Pflicht des Vorsitzenden, ihn vorzulegen, wenn er nicht schriftlich erfolgt,

oder ihn gegebenenfalls verlesen zu lassen, so oft ein Mitglied [S. wünscht lassen Sie es zu seiner Information angeben oder lesen.

58 . Wenn der Versammlung regelmäßig ein Antrag oder ein Vorschlag vorgelegt wird, kann kein anderer Antrag angenommen werden, es sei denn, es handelt sich um einen Antrag, der seiner Natur nach der behandelten Frage vorausgeht und daher berechtigt ist, vorerst an dessen Stelle zu treten und zuerst entschieden zu werden .

---

6 Im Repräsentantenhaus von Massachusetts, wo der Sitz jedes Mitglieds regelmäßig ihm zugewiesen und nummeriert wird, hat es sich bei der Entscheidung über die Ansprüche mehrerer Konkurrenten um das Wort als nützlich erwiesen, denjenigen, der an seiner Stelle aufsteigt, einem vorzuziehen Mitglied, das den Redner aus dem Bereich, den Gängen oder dem Sitz eines anderen Mitglieds anspricht. *Zurück zum Text*

7 Zum Beispiel, vertagen, – auf dem Tisch liegen, – für die vorherige Frage, – für eine Verschiebung, – Verpflichtung usw. *Zurück zum Text*

8 „Ein Mitglied kann jeweils nur einen Antrag stellen. Das Gegenteil wurde im Kongress zugelassen und hat sich zu einer gängigen Praxis entwickelt; Zum Beispiel, wenn ein Mitglied einen Antrag stellt und dann im gleichen Atemzug beantragt, dass sein eigener Antrag auf den Tisch gelegt wird.

Das ist ein großer Missbrauch; und dem schlechten Beispiel des Kongresses sollten andere Versammlungen nicht folgen. In einem solchen Fall sollte der Vorsitzende den ersteren Antrag berücksichtigen und den letzteren so behandeln, als ob er nicht gestellt worden wäre." *Zurück zum Text*

Kapitel V.
Anträge im Allgemeinen.

59 . Wenn einer beratenden Versammlung ein Vorschlag zur Annahme vorgelegt wird, kann der Vorschlag in einer solchen Form vorliegen, dass er zur Frage gestellt werden kann, und die Versammlung kann in einem solchen Zustand sein, dass sie bereit ist, darüber eine Entscheidung zu treffen , auf einmal; und wenn dies der Fall ist, kann nichts weiter erforderlich sein, als die Stimmen der Mitglieder einzuholen und das Ergebnis festzustellen. Es kann aber auch ein anderer Zustand der Dinge vorliegen, und das ist auch der Fall; Die Versammlung kann eine andere Vorgehensweise einer sofortigen Entscheidung über die Frage in ; und da es sich gehört, dass jedes parlamentarische Gremium über die Mittel verfügen sollte, über jeden Vorschlag, der ihm unterbreitet werden kann, angemessen zu verfügen, wurden zu diesem Zweck von Zeit zu Zeit bestimmte Formen von Fragen erfunden und werden heute allgemein verwendet . Diese Frageformen können zu Recht als *„subsidiär" bezeichnet werden* , um sie von dem Hauptantrag oder der Hauptfrage zu unterscheiden, auf die sie sich beziehen.

60 . Die verschiedenen Geisteszustände, in denen ein Vorschlag von einer beratenden Versammlung angenommen werden kann, und die entsprechenden Verfahrensformen oder Nebenanträge, zu denen sie Anlass geben, um den Sinn der Versammlung festzustellen, sind die folgenden:

Erste. Die Versammlung kann den Vorschlag als nutzlos oder unzweckmäßig betrachten; und möchten es daher möglicherweise vorübergehend oder ganz unterdrücken. Die Hilfsanträge zu diesem Zweck sind die vorherige Frage und die Vertagung auf unbestimmte Zeit.

Zweite. Die Versammlung ist möglicherweise bereit, einen Vorschlag zu erörtern und zu prüfen, jedoch nicht zum Zeitpunkt seiner Unterbreitung. entweder weil die einzelnen Mitglieder mehr Informationen wünschen; oder weil sie wünschen ; oder weil die Versammlung dann mit einer anderen Angelegenheit beschäftigt ist, die dringendere Anforderungen an ihre gegenwärtige Aufmerksamkeit stellt. Die üblichen Anträge unter solchen Umständen sind die Verschiebung auf einen späteren Tag oder eine spätere Zeit und die Auflegung auf den Tisch.

Dritte. Der Gegenstand eines Vorschlags kann mit Wohlwollen betrachtet werden, aber die Form, in der er eingeführt wird, kann so mangelhaft sein, dass eine sorgfältigere und bewusstere Prüfung erforderlich sein kann, als dies bequemerweise in der Versammlung selbst erfolgen kann Bringen Sie es in eine zufriedenstellende Form. In diesem Fall ist es am sinnvollsten, den Vorschlag einem Ausschuss vorzulegen.

Vierte. Der Vorschlag kann akzeptabel und die Form, in der er vorgelegt wird, soweit zufriedenstellend sein, dass die Versammlung bereit ist, ihn zu prüfen und darauf zu reagieren, mit den Änderungen und Ergänzungen, die sie für angemessen hält. Der an diesen Fall angepasste Antrag lautet auf Änderung.

61 . Es ist nicht davon auszugehen, dass die oben genannten Hilfsanträge die einzigen sind, die jemals angenommen oder verwendet wurden; oder dass es einer beratenden Versammlung nicht zusteht, Anträge zu formulieren; Dies sind jedoch die Formen, die am häufigsten verwendet werden und für alle praktischen Zwecke völlig ausreichend sind. 9 Es ist auch nicht anzunehmen, dass diese Anträge immer streng auf die Fälle angewendet werden, zu denen sie am besten gehören; Einige von ihnen werden häufig für Zwecke verwendet, für die andere besser geeignet wären. Diese Fehlanwendungen werden in den einzelnen Anträgen zur Kenntnis genommen.

---

9   In gesetzgebenden Versammlungen ist es üblich, durch eine Sonderregel festzulegen, welche einzelnen Anträge zu berücksichtigen sind und in welcher Reihenfolge sie gestellt werden dürfen. So lautet die Regel im Repräsentantenhaus des Kongresses (die auch im Repräsentantenhaus von Massachusetts übernommen wird): „Wenn eine Frage debattiert wird, darf kein Antrag gestellt werden, sondern nur die Vertagung, das Weiterbleiben." der Tisch, für die vorherige Frage, auf einen bestimmten Tag zu verschieben, zu verpflichten, zu ändern, auf unbestimmte Zeit zu verschieben, wobei mehrere Anträge in der Reihenfolge, in der sie gestellt werden, Vorrang haben." *Zurück zum Text*

KAPITEL VI.
Von Anträgen zur Unterdrückung.

62 . Wenn ein Vorschlag unterbreitet wird, von dem man annimmt, dass er von der Versammlung als nutzlos oder unzweckmäßig angesehen wird daher möglicherweise loswerden möchte, kann dieser Vorschlag durch den vorherigen Vorschlag eine Zeit lang unterdrückt werden Frage oder insgesamt durch einen Antrag auf unbestimmte Verschiebung.

SEKTE. I. VORHERIGE FRAGE.

63 . Da die ursprüngliche und ordnungsgemäße parlamentarische Verwendung der vorherigen Anfrage, wie oben dargelegt, die Unterdrückung einer Hauptfrage darstellt, erscheint es angemessen, sie zu diesem Zweck als einen der Hilfsanträge zu betrachten; obwohl es in diesem Land zu einem ganz anderen Zweck pervertiert wurde, nämlich zur Unterdrückung von Debatten. Angesichts der Schwierigkeit des Themas und der Wichtigkeit, es richtig zu verstehen, ist es aufgrund dieser Überlegung angebracht, der vorherigen Frage mehr Raum zu widmen, als den meisten anderen Hilfsanträgen bedarf. Es wird zunächst entsprechend seiner ursprünglichen Verwendung und Absicht betrachtet und anschließend wie in diesem Land verwendet.

64 . Es gibt mehrere Anträge, die Fragen aufwerfen, die ihrer Natur nach den anderen Fragen, auf die sie sich beziehen, vorausgehen; Der Begriff „ *vorher*" wurde jedoch ausschließlich auf einen Antrag mit der Bezeichnung „ *vorherige Frage*" *angewendet* , der die Unterdrückung eines Hauptantrags oder einer Hauptfrage zum Ziel hat. Dieser Antrag wurde vor mehr als zwei Jahrhunderten im englischen Unterhaus mit dem Ziel eingebracht, Themen heikler Natur zu unterdrücken, die sich auf hohe Persönlichkeiten beziehen oder deren Erörterung Beobachtungen einer schädlichen Tendenz hervorrufen könnte. Bei der ersten Verwendung lautete die Form des Antrags: *Soll die Hauptfrage gestellt werden?* und eine negative Entscheidung hatte zur Folge, dass die Hauptfrage für die gesamte Sitzung unterdrückt wurde. Die Form wurde später in die jetzige Form geändert, nämlich: *Soll jetzt die Hauptfrage gestellt werden?* und eine negative Entscheidung hat zur Folge, dass die Hauptfrage nur für den Rest des Tages unterdrückt wird. Die Funktionsweise dieses Antrags bei der Unterdrückung der Frage, auf die er angewendet wird, ergibt sich aus dem Grundsatz, dass regelmäßig keine weitere Prüfung oder Diskussion über ein Thema erfolgen kann, von dem entschieden wurde, dass es nicht zur Frage gestellt werden soll. und wenn daher aufgrund des Antrags der vorherigen Frage entschieden wurde, dass die Hauptfrage jetzt nicht gestellt werden soll, wird diese Frage für erledigt und kann bis zum nächsten oder späteren Tag nicht erneuert werden

folgenden Tag. Zu diesem Zweck wurde die vorherige Frage ursprünglich erfunden und wird noch heute im britischen Parlament verwendet.

65 . Aber die vorherige Frage kann sowohl positiv als auch negativ entschieden werden, das heißt, dass die Hauptfrage nun gestellt werden soll; In diesem Fall ist diese Frage sofort, ohne weitere Debatte und in der Form zu stellen, in der sie dann vorliegt. Diese Wirkungsweise der vorherigen Frage hat, wenn sie positiv entschieden wurde, dazu geführt, dass sie dazu verwendet wurde, die Debatte über eine Hauptfrage zu unterdrücken und sofort zu einer Abstimmung darüber zu kommen; und dies ist normalerweise der einzige Gegenstand der vorherigen Frage, der in den gesetzgebenden Versammlungen der Vereinigten Staaten verwendet wird. 10 Die Funktionsweise einer negativen Entscheidung ist in den verschiedenen Versammlungen unterschiedlich; in manchen Fällen , wie zum Beispiel im Repräsentantenhaus des Kongresses, geht es darum, die Hauptfrage zu klären, indem man sie für den Tag unterdrückt oder aus dem Plenum entfernt; aber in anderen, wie im Repräsentantenhaus von Massachusetts und im Versammlungshaus von New York (im ersteren nur durch Brauch, und im letzteren durch eine Regel), ist die Wirkung einer negativen Entscheidung der vorherigen Frage die Hauptfrage bis zum Ende der Sitzung zur Debatte zu lassen, es sei denn, sie wird früher durch Beantwortung der Frage oder auf andere Weise erledigt.

66 . In England wird die vorherige Frage nur zur Unterdrückung einer Hauptfrage verwendet; Das Ziel des Antragstellers besteht darin, eine negative Entscheidung darüber zu erwirken. und die Wirkung einer solchen Entscheidung, auch wenn sie im Grunde genommen nur dazu dient, die Frage für den Tag zu unterdrücken, besteht praktisch und nach parlamentarischem Brauch darin, dass das Thema gänzlich erledigt wird. In diesem Land wird die vorherige Frage hauptsächlich dazu verwendet, die Debatte über eine Hauptfrage zu unterdrücken; Das Ziel des Antragstellers besteht darin, eine bejahende Entscheidung darüber zu erwirken. und die Wirkung einer umgekehrten Entscheidung besteht im Allgemeinen lediglich darin, dass die Bearbeitung der Frage für diesen Tag ausgesetzt wird, auch wenn sie in manchen Versammlungen technisch gesehen nur dazu dient, die Hauptfrage für diesen Tag zu unterdrücken; Entweder lässt man die Debatte im Laufe des Tages weiter, oder man erneuert das Thema am nächsten oder an einem anderen Tag. Die Funktionsweise einer positiven Entscheidung ist in beiden Ländern die gleiche, nämlich die sofortige Stellung der Hauptfrage und ohne weitere Debatte, Verzögerung oder Prüfung.

SEKTE. II. AUF UNBESTIMMTE ZEIT VERSCHOBEN.

67 . Um eine Frage gänzlich zu unterdrücken, ohne dass es zu einer direkten Abstimmung darüber kommt, und zwar so, dass sie nicht erneuert werden

kann, ist der richtige Antrag eine Verschiebung auf unbestimmte Zeit; das heißt, eine Verschiebung oder Vertagung der Frage, ohne einen Tag für die Wiederaufnahme festzulegen. Wenn dieser Antrag bejaht wird, hat dies zur Folge, dass der Vorschlag vollständig verworfen wird; da eine Vertagung auf unbestimmte Zeit einer Auflösung gleichkommt oder die Fortführung einer Klage ohne Frist einer Einstellung derselben gleichkommt. Eine negative Entscheidung hat keinerlei Auswirkungen. 11

---

10 Herr Jefferson (Manual, § xxxiv.) betrachtet diese Erweiterung der vorherigen Frage als Missbrauch. Er ist der Meinung, dass „seine Verwendung auch durch andere, einfachere parlamentarische Formen möglich wäre und daher nicht bevorzugt, sondern auf möglichst enge Grenzen beschränkt werden sollte." Ungeachtet dieses Vorschlags hat sich jedoch die Verwendung der vorherigen Frage, wie oben dargelegt, so fest etabliert, dass sie jetzt nicht gestört oder verunsichert werden kann. *Zurück zum Text*

11 „Der Antrag auf unbestimmte Verschiebung kann nicht geändert werden. Wenn ein Antrag auf unbestimmte Verschiebung obsiegt, kann der so verschobene Vorschlag während der Sitzung nicht erneuert werden." – ED. *Zurück zum Text*

KAPITEL VII.
VON ANTRÄGEN AUF VERSCHIEBUNG.

68 . Wenn die Versammlung bereit ist, eine Frage zu erörtern, aber nicht zu dem Zeitpunkt, zu dem sie verschoben wird, ist es die richtige Vorgehensweise, das Thema entweder auf einen anderen Tag zu verschieben oder anzuweisen, es auf den Tisch zu legen.

69 . Wenn die Mitglieder zum Zeitpunkt der Einreichung einer Frage einzeln mehr Informationen wünschen, als sie besitzen, oder mehr Zeit zum Nachdenken und zur Prüfung wünschen, ist der richtige Antrag, das Thema auf einen späteren Tag zu verschieben, der den Ansichten der Versammlung entspricht.

70 . Dieser Antrag wird manchmal fälschlicherweise verwendet, um einen Vorschlag ganz zu streichen, wie dies durch einen Aufschub auf unbestimmte Zeit geschehen würde. Dies geschieht dadurch, dass ein Tag festgelegt wird, der nach dem üblichen Lauf der Dinge erst nach Abschluss der Versammlung eintreten wird. Ein so formulierter Antrag ist jedoch genau gleichbedeutend mit einem Antrag auf unbestimmte Verschiebung und sollte auch so geprüft und behandelt werden.

71 . Wenn die Versammlung etwas anderes vor sich hat, das ihre gegenwärtige Aufmerksamkeit beansprucht, und daher den Wunsch hat, einen bestimmten Vorschlag aufzuschieben, bis dieser Gegenstand geklärt ist, kann eine solche Verschiebung durch einen Antrag erfolgen, dass die betreffende Angelegenheit auf die Tagesordnung gesetzt wird Tisch. Wenn dieser Antrag obsiegt, kann das so behandelte Thema jederzeit später aufgegriffen und behandelt werden, wenn es der Versammlung zweckmäßig erscheint.

72 . Dieser Antrag wird manchmal auch für die endgültige Entscheidung über ein Thema genutzt; und es hat immer diese Wirkung, wenn später kein Antrag gestellt wird, es aufzugreifen. 12

---

12 „Dieser Antrag (d. h. *auf den Tisch zu legen*) ist nicht diskutierbar und kann nicht geändert werden." – ED. *Zurück zum Text*

KAPITEL VIII.
VON ANTRÄGEN ZUR VERPFLICHTUNG.

73 . Der dritte Fall für die Verwendung eines Hilfsantrags liegt, wie bereits erwähnt, vor, wenn der Gegenstand eines Vorschlags mit Wohlwollen betrachtet wird, die Form, in der er eingebracht wird, jedoch so mangelhaft ist, dass eine sorgfältigere und bewusstere Prüfung erforderlich ist notwendig, als ihm bequem in der Versammlung selbst gegeben werden kann, um es in eine zufriedenstellende Form zu bringen. Die Vorgehensweise besteht dann darin, das Thema einem Ausschuss vorzulegen; Dies wird als Commitment oder, wenn das Thema bereits in den Händen eines Ausschusses lag, als Recommitment bezeichnet.

74 . Wenn es in der Versammlung einen ständigen Ausschuss gibt, dessen Aufgaben das betreffende Thema umfassen, sollte der Antrag darin bestehen, es an diesen Ausschuss zu verweisen; Wenn es keinen solchen Ausschuss gibt, sollte der Antrag darin bestehen, sich an einen engeren Ausschuss zu wenden. Wenn Zweifel bestehen, ob ein bestimmter ständiger Ausschuss geeignet ist oder nicht, und Vorschläge für eine Bezugnahme auf diesen Ausschuss und auch für eine Bezugnahme auf einen engeren Ausschuss gemacht werden, sollte zunächst der erstere Vorschlag zur Frage gestellt werden.

75 . Wenn ein Thema verwiesen oder erneut in Auftrag gegeben wird, kann der Ausschuss von der Versammlung Weisungen oder Anordnungen hinsichtlich eines Teils oder der Gesamtheit der ihm übertragenen Aufgaben erhalten; oder das Thema kann ohne Anweisungen bei ihnen gelassen werden. Im ersteren Fall muss den Anweisungen natürlich Folge geleistet werden; Im letzteren Fall hat der Ausschuss die volle Entscheidungsbefugnis über und kann darüber nach Belieben Bericht erstatten, sofern er sich dabei an die anerkannten Formen parlamentarischer Verfahren hält

76 . Es darf nur ein Teil eines Themas ohne den Rest begangen werden; oder verschiedene Teile können verschiedenen Ausschüssen zugewiesen werden.

77 . Eine Verpflichtung mit Anweisungen wird manchmal genutzt, um sich bequem weitere Informationen zu beschaffen und gleichzeitig die Betrachtung eines Themas auf einen zukünftigen, wenn auch ungewissen Tag zu verschieben.

KAPITEL IX.
DER ÄNDERUNGSANTRÄGE.

78 . Der letzte Fall für die Einbringung von Hilfsanträgen liegt dann vor, wenn die Versammlung mit dem Gegenstand eines Vorschlags zufrieden ist, jedoch nicht mit dessen Form oder all seinen verschiedenen Teilen, oder wenn sie eine Ergänzung dazu vornehmen möchte. Der Ablauf des Verfahrens besteht dann darin, den Vorschlag durch Änderungen oder bestimmte Verfahren ähnlicher Art und mit dem gleichen allgemeinen Zweck in die richtige Form zu bringen und seine Einzelheiten zufriedenstellend zu gestalten. Letzteres wird zunächst betrachtet.

SEKTE. I. AUFTEILUNG EINER FRAGE.

79 . Wenn ein Vorschlag oder Antrag kompliziert ist, das heißt aus zwei oder mehr Teilen besteht, die soweit voneinander unabhängig sind, dass sie in mehrere Fragen aufgeteilt werden können, und davon ausgegangen wird, dass die Versammlung einigen zustimmen kann, aber nicht Von all diesen Teilen ist es eine umfassende Art der Änderung, den Antrag in separate Fragen zu unterteilen, über die die Versammlung separat abstimmen und entscheiden muss. Diese Teilung kann auf Beschluss der Versammlung auf Grundlage eines regelmäßig gestellten und zu diesem Zweck unterstützten Antrags erfolgen.

80 . Wenn ein Antrag auf diese Weise aufgeteilt wird, wird er zu einer Reihe von Fragen, die jeweils für sich als unabhängiger Vorschlag in der Reihenfolge, in der sie stehen, betrachtet und behandelt werden müssen. und wenn sie alle durchgegangen und entschieden sind, wird das Ergebnis dasselbe sein, als ob Änderungsanträge durch Streichung der einzelnen Teile gestellt und zur Frage gestellt worden wären. Wenn ein Antrag auf Teilung gestellt wird , sollte der Antragssteller in seinem Antrag die Art und Weise angeben, in der er die Teilung vornehmen möchte; und dieser Antrag ist, wie jeder andere Antrag mit Änderungscharakter, selbst änderungsfähig.

81 . Manchmal wird behauptet, dass es das Recht jedes einzelnen Mitglieds sei, eine komplizierte Frage (vorausgesetzt, sie könne geteilt werden) in mehrere Teile aufzuteilen und jedem einzelnen eine gesonderte Frage zu stellen, und zwar auf bloßes Verlangen und ohne Antrag oder eine Abstimmung der Versammlung zu diesem Zweck. Aber das ist ein Fehler; es gibt keine solche Regelung für das parlamentarische Vorgehen; Eine komplizierte Frage kann nur getrennt werden, indem auf die übliche Weise Änderungsanträge gestellt werden oder indem auf die oben beschriebene Weise eine Teilung beantragt wird.

82 . Es ist jedoch nicht ungewöhnlich, dass eine beratende Versammlung eine Regel hat, die die Aufteilung einer komplizierten Frage (sofern sie spaltbar ist) in mehrere Teile auf Antrag eines Mitglieds vorsieht. Wenn dies der Fall ist, obliegt es dem Vorsitzenden (selbstverständlich vorbehaltlich der Überarbeitung durch die Versammlung), bei der Forderung nach Teilung eines Antrags zunächst zu entscheiden, ob der Vorschlag teilbar ist, und Zweitens, in wie viele und welche Teile es geteilt werden kann.

83 . Um teilbar zu sein, muss ein Satz Punkte umfassen, die so deutlich und vollständig sind, dass, wenn einer oder mehrere von ihnen weggenommen werden, die anderen vollständig und für sich bestehen bleiben können; aber ein qualifizierender Absatz, wie zum Beispiel eine Ausnahme oder ein Vorbehalt, enthält, wenn er von der allgemeinen Behauptung oder Aussage, zu der er gehört, getrennt wird, keinen ganzen Punkt oder Satz.

SEKTE. II. LÜCKEN FÜLLEN.

84 . Es kommt oft vor, dass ein Satz mit Lücken eingeführt wird, die der Urheber absichtlich gelassen hat, um sie von der Versammlung zu füllen, entweder mit Zeiten und Zahlen oder mit Bestimmungen, die denen des Satzes selbst analog sind. Im letzteren Fall werden Lücken auf die gleiche Weise ausgefüllt, wie andere Änderungen durch das Einfügen von Wörtern vorgenommen werden. Im ersten Fall gelten Vorschläge zum Ausfüllen von Lücken nicht als Änderungsanträge zur Frage, sondern als Originalanträge, die vor der Hauptfrage gestellt und entschieden werden müssen.

85 . Wenn eine Lücke übrig bleibt, die mit einer Zeit oder Zahl gefüllt werden muss zu diesem Zweck gestellt und die Frage jeweils einzeln und bevor eine andere gestellt wird, gestellt werden; oder es können mehrere Anträge gestellt und anhängig sein, bevor einer von ihnen zur Frage gestellt wird. Diese letzte Vorgehensweise, die sowohl die gebräuchlichste als auch die bequemste ist, erfordert, dass die verschiedenen Vorschläge geordnet und die Frage zu ihnen in einer solchen Reihenfolge behandelt werden, dass die Versammlung am schnellsten und mit der größten Sicherheit zu einem Ergebnis kommen kann eine Übereinkunft.

86 . Bei der Entscheidung über die zu erlassende Anordnung geht es nicht darum, mit diesem Extrem zu beginnen, denn da jeder Mensch es wünscht, kann niemand dagegen stimmen, und wenn es dennoch bejaht wird, ist jede Frage offen denn mehr wäre ausgeschlossen; aber in diesem Extremfall wird es wahrscheinlich sein, dass sich die Wenigsten vereinen und dann voranschreiten oder zurückgehen, bis eine Zahl oder Zeit erreicht ist, die eine Mehrheit vereinen wird.

87 . Wenn daher mehrere unterschiedliche Vorschläge gemacht werden, um Lücken mit einer Zeit oder Zahl zu füllen, gilt die Regel: Wenn das *Größere*

das Kleinere versteht , wie bei der Frage, auf welchen Tag eine Verschiebung erfolgen soll, – die Zahl von aus denen ein Ausschuss bestehen soll, – die Höhe einer zu verhängenden Geldstrafe, – die Dauer einer Freiheitsstrafe, – die Dauer der Unrückzahlbarkeit eines Darlehens, – oder das *terminus in quem* in jedem anderen Fall, die Frage muss *mit einem Maximo beginnen* , und zunächst auf den größten oder am weitesten entfernten Zinssatz und so weiter auf den kleinsten oder nächstgelegenen Zinssatz angewendet werden, bis die Versammlung zu einer Abstimmung kommt: Aber wenn der *kleinere den größeren* einschließt , wie in Fragen über die Begrenzung des Zinssatzes, – weiter die Höhe einer Steuer, – an welchem Tag die Sitzung einer gesetzgebenden Versammlung durch Vertagung geschlossen werden soll, – an welchem Tag die nächste Sitzung beginnen soll, – oder den *terminus a quo* , in jedem anderen Fall muss die Frage *a minimo beginnen* , und zunächst über den kleinsten oder nächstgelegenen Punkt und so weiter über den größten oder entferntesten Punkt geführt werden, bis die Versammlung zu einer Abstimmung kommt. 13

ABSCHN. III. ADDITION, TRENNUNG, TRANSPOSITION.

88 . Wenn die in zwei getrennten Vorschlägen enthaltenen Sachverhalte besser in einen zusammengefasst werden könnten, besteht die Vorgehensweise darin, einen von ihnen abzulehnen und dann den Inhalt desselben durch Änderung in den anderen einzubeziehen. Eine bessere Vorgehensweise besteht jedoch darin, beide Vorschläge einem Ausschuss vorzulegen, mit der Anweisung, sie in einem einzigen zusammenzufassen, wenn die Geschäfte der Versammlung ihre Annahme zulassen.

89 . Wenn also andererseits der Inhalt eines Satzes besser auf zwei Sätze verteilt werden würde, könnte jeder Teil davon durch Änderung gestrichen und in die Form eines neuen und unterschiedlichen Satzes gebracht werden. Aber auch in diesem Fall wäre es im Allgemeinen eine bessere Vorgehensweise, die Angelegenheit an einen Ausschuss zu verweisen.

90 . Wenn ein Absatz oder Abschnitt transponiert werden muss, muss in ähnlicher Weise eine Frage zum Streichen des Absatzes an der Stelle gestellt werden, an der er steht, und eine andere Frage zum Einfügen an der gewünschten Stelle.

91 . Die den verschiedenen Abschnitten, Absätzen oder Resolutionen vorangestellten Zahlen Vorschlag bilden, sind lediglich Randangaben und kein Teil des Textes des Vorschlags selbst; und wenn nötig, können sie vom Schriftführer ohne Abstimmung oder Beschluss der Versammlung geändert oder geregelt werden.

SEKTE. IV. ÄNDERUNG ODER ERGÄNZUNG DURCH DEN UMZUGSUNTERNEHMEN.

92 . Dem Urheber eines Vorschlags ist es manchmal gestattet, ihn zu ändern, nachdem er vom vorsitzenden Beamten als Frage gestellt wurde; da dies jedoch einer Rücknahme des Antrags gleichkommt, um ihn durch einen anderen zu ersetzen; und da, wie bereits gesehen wurde, ein regelmäßig gestellter, unterstützter und vorgeschlagener Antrag nicht ohne Erlaubnis zurückgezogen werden kann; es ist klar, dass die erwähnte Praxis nur auf der allgemeinen Zustimmung beruht; und dass, wenn Einspruch erhoben wird, der Urheber eines Vorschlags zu diesem Zweck die Erlaubnis der Versammlung durch einen Antrag und eine Frage einholen muss, damit er seinen Vorschlag ändern kann.

93 . Auch wenn ein Änderungsantrag regelmäßig eingereicht und unterstützt wurde, ist es manchmal üblich, dass der Urheber des Vorschlags , auf den er sich bezieht, seine Zustimmung dazu zum Ausdruck bringt und der Änderungsantrag daraufhin vorgenommen wird, ohne dies zu tun jede Frage, die von der Versammlung hierzu behandelt wird. Da dieses Verfahren jedoch im Wesentlichen mit dem im vorhergehenden Absatz beschriebenen übereinstimmt, beruht es natürlich auf derselben Grundlage und unterliegt derselben Regel.

SEKTE. V. ALLGEMEINE REGELUNGEN ZU ÄNDERUNGEN.

94 . Alle Änderungen, für die ein Vorschlag formal geeignet ist, können auf eine von drei Arten vorgenommen werden, nämlich entweder durch Einfügung oder Hinzufügung bestimmter Wörter; oder durch Streichen bestimmter Wörter; oder indem man bestimmte Wörter streicht und andere einfügt oder hinzufügt. Für diese verschiedenen Änderungsformen gelten bestimmte allgemeine Regeln, die, da sie für alle gleichermaßen gelten, im Voraus festgelegt werden müssen.

95 . *Erste Regel.* Wenn ein Vorschlag aus mehreren Abschnitten, Absätzen oder Resolutionen besteht, besteht die natürliche Reihenfolge der Prüfung und Änderung darin, am Anfang zu beginnen und ihn im Laufe der Absätze durchzugehen; und wenn ein letzter Teil wurde , geschieht dies nicht, um zurückzukehren und eine Änderung oder Ergänzung eines früheren Teils vorzunehmen.

96 . *Zweite Regel.* Jede Änderung, die vorgeschlagen werden kann, sei es durch Streichung oder Einfügung oder durch Streichung und Einfügung, kann selbst geändert werden; aber es kann keinen Änderungsantrag eines Änderungsantrags zu einem Änderungsantrag geben: Dies würde zu einer Anhäufung von Fragen übereinander führen, die zu großer Peinlichkeit führen würde; und da die Grenze irgendwo gezogen werden muss, würde sie

durch die Verwendung nach der Änderung der Änderung festgelegt. Das Ziel, das durch ein solches Verfahren erreicht werden soll, muss dadurch erreicht werden, dass die Änderung des Änderungsantrags in der Form, in der er vorgeschlagen wird, abgelehnt und dann erneut in die Form verschoben wird, in der er geändert werden soll , bei dem es sich nur um einen Änderungsantrag zu einem Änderungsantrag handelt; und um dies zu erreichen, sollte derjenige, der einen Änderungsantrag ändern möchte, mitteilen, dass er ihn im Falle einer Ablehnung in der Form, in der er vorgelegt wurde, erneut in der Form vorlegen muss, in der er ihn angenommen haben möchte.

97 . Wenn also ein Vorschlag aus A B, und eine Änderung durch Einfügung von C D vorgeschlagen wird, kann beantragt werden, die Änderung durch Einfügung von E F zu ändern; es kann jedoch nicht dazu bewegt werden, diesen Änderungsantrag zu ändern, beispielsweise durch Einfügen von G. Die einzige Möglichkeit, dies zu erreichen, besteht darin, den Änderungsantrag in der Form, in der er vorgelegt wurde, abzulehnen, nämlich E F einzufügen. und es in die Form zu bringen, in der es geändert werden soll, nämlich E G F einzufügen.

98 . *Dritte Regel.* Was auch immer von der Versammlung bei einer Abstimmung beschlossen wird, sei es die Annahme oder Ablehnung einer vorgeschlagenen Änderung, kann nachträglich nicht geändert oder ergänzt werden.

99 . Wenn also ein Satz aus A B besteht und er verschoben wird, um C einzufügen; Wenn die Änderung maßgebend ist, kann C nachträglich nicht geändert werden, da dies in dieser Form vereinbart wurde. Wenn also beantragt wird, B zu streichen, und der Änderungsantrag abgelehnt wird, kann B nachträglich nicht mehr geändert werden, da eine Abstimmung gegen die Streichung gleichbedeutend ist mit einer Abstimmung, bei der dem Antrag in seiner jetzigen Form zugestimmt wird.

100 . *Vierte Regel.* Womit die Versammlung bei einer Abstimmung nicht einverstanden ist, kann nachträglich nicht erneut verschoben werden. Diese Regel ist das Gegenteil vorhergehenden und kann auf die gleiche Weise veranschaulicht

101 . Wenn also eine Änderung von A B durch Einfügung von C beantragt wird und die Änderung abgelehnt wird, kann C nicht erneut beantragt werden; oder wenn eine Änderung von A B durch Streichung von B beantragt wird und die Änderung Vorrang hat, kann B nicht wiederhergestellt werden. weil im ersten Fall C und im anderen Fall B durch Abstimmung nicht angenommen wurde.

102 . *Fünfte Regel.* Die Widersprüchlichkeit oder Unvereinbarkeit einer vorgeschlagenen Änderung mit einer bereits angenommenen Änderung ist ein geeigneter Grund für ihre Ablehnung durch die Versammlung, nicht jedoch für die Unterdrückung durch den Vorsitzenden entgegen der Anordnung; Denn wenn Fragen dieser Art als Ordnungsfragen in den Zuständigkeitsbereich des Vorsitzenden fallen dürften, könnte dieser wichtige Änderungen verneinen und den Willen der Versammlung unterdrücken oder in Verlegenheit bringen, statt ihn ihm zu unterwerfen.

SEKTE. VI. ÄNDERUNGEN DURCH STREICHUNG.

103 . Wenn ein Änderungsantrag durch Streichung eines bestimmten Absatzes oder bestimmter Wörter vorgeschlagen und der Änderungsantrag abgelehnt wird, kann nicht erneut beantragt werden, dieselben Teil davon zu streichen aber es kann dazu bewegt werden, dieselben Wörter mit anderen zu streichen, oder einen Teil derselben Wörter mit anderen zu streichen, vorausgesetzt, dass die Kohärenz, die gestrichen werden soll, so wesentlich ist, dass es sich dabei tatsächlich um unterschiedliche Sätze handelt ehemalig.

104 . Wenn also ein Satz aus A B C D besteht und er dazu bewegt wird, B C zu streichen; Wird dieser Änderungsantrag abgelehnt, kann er nicht erneut verschoben werden. aber es kann bewegt werden, um A B oder A B C oder B C D oder C D auszustreichen.

105 . Wenn einer Änderung durch Streichung zugestimmt wird, kann nachträglich nicht beantragt werden, die gleichen gestrichenen Wörter oder einen Teil davon einzufügen; Es kann jedoch beantragt werden, dieselben Wörter mit anderen oder einen Teil derselben Wörter mit anderen einzufügen, vorausgesetzt, dass sich diese Sätze aufgrund der einzufügenden Kohärenz wesentlich vom ersten unterscheiden.

106 . Wenn also der Satz A B C D durch Streichen von B C geändert wird, kann er nicht dazu bewegt werden, erneut B C einzufügen; Es kann jedoch verschoben werden, um B C mit anderen Wörtern oder B mit anderen oder C mit anderen einzufügen.

107 . Wenn eine Änderung durch Streichung Absatzes vorgeschlagen wird, kann beantragt werden, diesen Änderungsantrag auf drei verschiedene Arten zu ändern, nämlich entweder durch Streichung nur eines Teils des Absatzes oder durch Einfügung oder Hinzufügung von oder durch Ausstreichen und Einfügen.

108 . Wenn also beantragt wird, den Satz A B C D zu ändern, indem B C gestrichen wird, kann beantragt werden, diese Änderung zu ändern, indem nur B oder C nur gestrichen wird oder indem E eingefügt wird, oder indem B oder C gestrichen und E eingefügt wird .

109 . Im Falle einer vorgeschlagenen Änderung durch Streichung macht es die Wirkung der Abstimmung darüber, ob sie gemäß der oben genannten dritten und vierten Regel positiv oder negativ entschieden wird, erforderlich, dass diejenigen, die den Absatz beibehalten möchten, eine Änderung vornehmen müssen es, falls eine Änderung erforderlich ist, bevor über die Streichung abgestimmt wird; denn wenn es gestrichen wird, kann es nicht wiederhergestellt werden, und wenn es beibehalten wird, kann es nicht geändert werden.

110 . Da vor dem Hauptantrag unbedingt ein Änderungsantrag zu der Frage gestellt werden muss; Daher muss die Frage zu einem Änderungsantrag zu einem Änderungsantrag gestellt werden, bevor sie zum Änderungsantrag gestellt wird. da dies jedoch die äußerste Grenze darstellt, bis zu der Anträge aufeinander gestellt werden können, kann es unter den Änderungsanträgen keinen Vorrang vor ; und folglich können sie nur einzeln verschoben werden oder müssen auf jeden Fall in der Reihenfolge, in der sie verschoben werden, zur Frage gestellt werden.

111 . Wenn zur Frage ein Antrag auf Streichung von Worten gestellt wird, lautet die parlamentarische Form immer, ob die Worte *als Teil* des Hauptantrags gelten sollen, und nicht, ob sie *gestrichen werden sollen* . Der Grund für diese Form der Fragestellung liegt wahrscheinlich darin, dass die Frage sowohl für einen Teil als auch für den gesamten Hauptantrag in gleicher Weise behandelt werden kann; was nicht der Fall wäre, wenn die Frage beim Streichen gestellt würde; insofern die Frage zum Hauptantrag, wenn er gestellt wird, darin bestehen wird, ihm zuzustimmen, und nicht darin, ihn zu streichen oder abzulehnen. Da außerdem eine gleichmäßige Teilung der Versammlung zu einer unterschiedlichen Entscheidung über die Frage führen würde, je nachdem, wie sie gestellt wird, könnte es vorkommen, dass, wenn die Frage zu dem Änderungsantrag beim Streichen gestellt würde, beide über dieselbe Frage entschieden würden Ja und Nein mit derselben Abstimmung. 14

112 . Bei einem Änderungsantrag durch Streichung bestimmter Wörter ist die Art und Weise, die Frage zu formulieren, zunächst die Passage zu lesen, deren Änderung vorgeschlagen wird, so wie sie ist; dann sollten die Worte gestrichen werden; und schließlich die gesamte Passage, wie sie aussehen wird, wenn der Änderungsantrag angenommen wird.

SEKTE. VII. ÄNDERUNGEN DURCH EINFÜGEN.

113 . Wenn ein Änderungsantrag durch Einfügung oder Hinzufügung eines Absatzes oder von Wörtern vorgeschlagen und der Änderungsantrag abgelehnt wird, kann er nicht erneut beantragt werden, um dieselben Wörter oder einen Teil davon einzufügen; Es kann jedoch dazu bewegt werden, dieselben Wörter mit anderen oder einen Teil derselben Wörter mit anderen

einzufügen, vorausgesetzt, dass die Kohärenz sie wirklich zu unterschiedlichen Sätzen macht.

114 . Wenn also beantragt wird, den Vorschlag A B durch Einfügung von C D zu ändern, und die Änderung abgelehnt wird, kann C D nicht erneut beantragt werden; Es kann jedoch verschoben werden, um C E, D E oder C D E einzufügen.

115 . Wenn eine Änderung durch Einfügung eines Absatzes vorgeschlagen wird und die Änderung Vorrang hat, kann nachträglich nicht beantragt werden, dieselben Wörter oder einen Teil davon zu streichen; aber es kann dazu bewegt werden, dieselben Wörter mit anderen, 15 oder einen Teil derselben Wörter mit anderen zu streichen, vorausgesetzt, dass die Kohärenz so ist, dass sich diese Sätze wirklich von den ersten unterscheiden.

116 . Wenn also im obigen Beispiel davon ausgegangen wird, dass die Änderung maßgebend ist und C D eingefügt wird, kann anschließend nicht verschoben werden, um C D zu streichen, aber es kann verschoben werden, um A C oder A C D oder D B oder C D B zu streichen.

117 . Wenn eine Änderung durch Einfügung eines Absatzes vorgeschlagen wird, kann diese Änderung auf drei verschiedene Arten geändert werden, nämlich entweder durch Streichung eines Teils des Absatzes; oder indem man etwas hineinsteckt; oder durch Ausstreichen und Einfügen.

118 . Wenn also vorgeschlagen wird, A B durch Einfügung von C D zu ändern, kann diese Änderung entweder durch Streichung von C oder D oder durch Einfügung von E oder durch Streichung von C oder D und Einfügung von E geändert werden.

119 . Wenn eine Änderung durch Einfügung eines Absatzes vorgeschlagen wird, sollten diejenigen, die die Änderung befürworten, diese gegebenenfalls ändern, bevor die Frage behandelt wird; denn wenn es , kann es nicht erneut verschoben werden, und wenn es empfangen wird, kann es nicht geändert werden

120 . Bei Änderungen zu Änderungen durch Einfügung gibt es keinen Vorrang voreinander, ebenso wenig wie bei Änderungen zu Änderungen durch Streichung.

121 . Bei einem Änderungsantrag durch Einfügung eines Absatzes ist die Art und Weise, die Frage zu formulieren, zunächst die zu ändernde Passage in ihrer jetzigen Form zu lesen; dann die vorgeschlagenen Wörter; und schließlich die gesamte Passage, wie sie bleibt, wenn die Änderung Vorrang hat.

SEKTE. VIII. ÄNDERUNGEN DURCH STREICHEN UND EINFÜGEN.

122 . Die dritte Form der Änderung eines Satzes, nämlich das Streichen bestimmter Wörter und das Einfügen anderer an ihrer Stelle, ist tatsächlich eine Kombination der beiden anderen Formen; und kann dementsprechend entweder durch eine Abstimmung der Versammlung oder auf Antrag eines Mitglieds gemäß einer entsprechenden Sonderregelung in diese beiden Formen aufgeteilt werden. 16

123 . Wenn der Antrag geteilt wird, ist zunächst die Frage nach Streichung zu behandeln; und wenn das bejaht wird, dann beim Einfügen; aber wenn Ersteres negativ entschieden wird, fällt Letzteres natürlich. Bei einer Teilung ist das Verfahren in Bezug auf jeden Zweig der Frage derselbe, beginnend mit der Streichung, als ob jeder Zweig für sich verschoben worden wäre.

124 . Wenn der Streichungs- und Einfügungsantrag ungeteilt zur Frage gestellt und mit Nein entschieden wird, kann derselbe Antrag nicht erneut gestellt werden; aber es könnte dazu veranlasst werden, dieselben Wörter zu streichen und 1. nichts einzufügen; 2, andere Wörter einfügen; 3. Fügen Sie dieselben Wörter mit anderen ein. 4, fügen Sie einen Teil derselben Wörter mit anderen ein; 5, streiche dieselben Wörter bei anderen durch und füge dieselben ein; 6, streichen Sie einen Teil derselben Wörter mit anderen und fügen Sie denselben ein; 7, streiche andere Wörter und füge dasselbe ein; und 8, fügen Sie die gleichen Wörter ein, ohne etwas zu streichen.

125 . Wenn der Antrag auf Streichung und Einfügung bejaht wird, kann nicht beantragt werden, die gestrichenen Wörter oder einen Teil davon einzufügen oder die eingefügten Wörter oder einen Teil davon zu streichen; aber es kann beantragt werden, 1, die gleichen Wörter mit anderen einzufügen; 2, um einen Teil derselben Wörter mit anderen einzufügen; 3, um die gleichen Wörter mit anderen zu streichen; oder 4, einen Teil derselben Wörter mit anderen durchzustreichen.

126 . Wenn eine Änderung durch Streichung und Einfügung vorgeschlagen wird, kann diese Änderung auf drei verschiedene Arten in dem Absatz, der gestrichen werden soll, und auch in dem Absatz, der eingefügt werden soll, geändert werden, nämlich durch Streichen oder Einfügen: oder Ausstreichen und Einfügen. Und diejenigen, die einen der beiden Absätze befürworten, müssen ihn aus den bereits dargelegten Gründen ändern, bevor die Frage behandelt wird, nämlich, dass bei einer positiven Entscheidung der gestrichene Teil nicht wiederhergestellt werden kann und der eingefügte Teil nicht geändert werden kann ; und wenn die Entscheidung negativ ausfällt, kann der zur Streichung vorgeschlagene Teil nicht geändert werden, noch kann der zur Einfügung vorgeschlagene Absatz erneut verschoben werden.

127 . Bei einem Änderungsantrag, bei dem bestimmte Wörter gestrichen und andere eingefügt werden, besteht die den gesamten zu ändernden Abschnitt in seiner jetzigen Form zu lesen; dann sollten die Worte gestrichen werden; als nächstes diejenigen, die eingefügt werden sollen; und schließlich die gesamte Passage in der Fassung, in der sie geändert wird.

SEKTE. IX. ÄNDERUNGEN, DIE DIE ART EINER FRAGE ÄNDERN.

128 . Der Begriff „Änderung" ist streng genommen nur auf solche Änderungen eines Satzes anwendbar, durch die er verbessert, das heißt, für den mit ihm verfolgten Zweck wirksamer gemacht wird oder den Sinn, den er beabsichtigt, klarer und eindeutiger zum Ausdruck bringt ausdrücken. Daher erscheint es angemessen, dass sich nur diejenigen verpflichten sollten, einen Vorschlag zu ändern, die damit einverstanden sind; aber das ist keineswegs die Regel; Wenn ein Vorschlag regelmäßig eingereicht und unterstützt wird, ist er im Besitz der Versammlung und kann nur mit deren Erlaubnis zurückgezogen werden. Es ist dann zur Grundlage der künftigen Verhandlungen der Versammlung geworden und kann in jede beliebige Form gebracht und für jeden Zweck verwendet werden, den die Versammlung für richtig hält.

129 . Es ist daher zulässig einen Satz in einer Weise zu ändern, die seine Natur völlig und ihm einen anderen Sinn verleiht, als er ursprünglich haben sollte so dass die Freunde davon, wie es ursprünglich eingeführt wurde, selbst gezwungen sein könnten, gegen es in seiner geänderten Form zu stimmen.

130 . Diese Vorgehensweise wird manchmal angewandt, um einen Vorschlag zu vereiteln, indem man seine ursprünglichen Freunde dazu zwingt, sich mit denen zu vereinen, die dagegen sind, und für seine Ablehnung zu stimmen. So wurde im britischen Unterhaus am 29. Januar 1765 eine Resolution eingebracht, „dass ein allgemeiner Haftbefehl für die Festnahme der Autoren, Drucker oder Verleger einer Verleumdung zusammen mit ihren Schriften gesetzlich nicht gerechtfertigt ist, und." stellt eine schwerwiegende Verletzung der Freiheit des Subjekts dar:" – Es wurde beantragt, diesen Antrag durch den folgenden Absatz zu ändern, nämlich: „Dass es im besonderen Fall von Verleumdungen richtig und notwendig ist, dies durch Abstimmung festzulegen." nur Haus, was in Bezug auf allgemeine Haftbefehle als Gesetz gelten sollte; und zu diesem Zweck muss dieses Haus zu dem Zeitpunkt, an dem die Entscheidung über die Rechtmäßigkeit solcher Haftbefehle im Fall einer äußerst aufrührerischen und hochverräterischen Verleumdung tatsächlich vor den Gerichten entschieden wird, erklären" – dass ein *[Eine allgemeine Haftbefehlsanordnung zur Festnahme der Autoren, Drucker oder Verleger einer Verleumdung zusammen mit ihren Schriften ist gesetzlich nicht gerechtfertigt und stellt einen schweren Verstoß gegen die Freiheit des Subjekts dar. Der* Änderungsantrag wurde nach einer langen Debatte angenommen und

anschließend wurde die geänderte Resolution sofort ohne Spaltung abgelehnt. 17

131 . Aber manchmal wird die Natur eines Vorschlags durch Änderungen geändert, mit der Absicht, ihn in einem Sinne zu übernehmen, der genau das Gegenteil von dem ist, was er ursprünglich bewirken sollte. Das Folgende ist ein eindrucksvolles Beispiel für diese Vorgehensweise. Im Unterhaus wurde am 10. April 1744 ein Beschluss gefasst, in dem es hieß: „Die Ausgabe und Zahlung der Summe von vierzigtausend Pfund Sterling an den Herzog von Aremberg, um die österreichischen Truppen in Bewegung zu setzen." Das Jahr 1742 war eine gefährliche Fehlverwendung öffentlicher Gelder und zerstörte die Rechte des Parlaments." Der Zweck dieser Resolution bestand darin, das Verhalten der Minister zu tadeln; und die Freunde des Ministeriums hätten, da sie in der Mehrheit waren, direkt über den Antrag abgestimmt und ihn abgelehnt. Aber sie zogen es vor, es in eine Resolution umzuwandeln, die das Verhalten der Minister bei der erwähnten Gelegenheit billigte; und es wurde dementsprechend eine Änderung beantragt, indem am Ende des Antrags die Worte „eine gefährliche Fehlanwendung" usw. weggelassen und stattdessen die Worte „notwendig für die Indienststellung der besagten Truppen und von großer Tragweite" eingefügt wurden für die gemeinsame Sache." Nach der Annahme des Änderungsantrags wurde beschlossen (in Umkehrung des ursprünglichen Vorschlags): „Die Ausgabe und Zahlung der Summe von vierzigtausend Pfund an den Herzog von Aremberg im Jahr 1742, um die österreichischen Truppen in Bewegung zu setzen, war notwendig, um dies zu erreichen." besagte Truppen in Bewegung und von großer Bedeutung für die gemeinsame Sache."

132 . Es handelt sich um eine Art und Weise, einen Vorschlag zu widerlegen, der dem oben erwähnten in gewisser Weise ähnelt, indem man sein Prinzip durch ausführt oder erweitert , um die Unbequemlichkeit, Absurdität oder Gefahr seiner Annahme aufzuzeigen. mit so offensichtlicher Klarheit, dass es für die Versammlung unmöglich wird, dem zuzustimmen. Nachdem im Unterhaus ein Antrag gestellt worden war, „Kopien aller von den Lords der Admiralität an einen bestimmten Offizier der Marine geschriebenen Briefe" zu erhalten, wurde beantragt, den Antrag durch Hinzufügung folgender Worte zu ändern: „ Diese Briefe können Befehle enthalten oder sich auf Befehle beziehen, die nicht ausgeführt wurden und noch bestehen." Da dieser Änderungsantrag angenommen wurde, wurde der Antrag in der geänderten Fassung einstimmig abgelehnt.

133 . Aus den vorstehenden Beispielen geht hervor, dass es als Urheber eines Satzes keinerlei Einschränkungen hinsichtlich der Einbeziehung widersprüchlicher Sachverhalte in denselben Antrag gibt; so kann die Versammlung auf der anderen Seite einem Antrag im Wege einer Änderung eine Angelegenheit beifügen, die nicht nur nicht mit dem ursprünglich

eingebrachten Antrag unvereinbar ist, sondern diesem völlig widerspricht; und in gesetzgebenden Versammlungen ist es nicht ungewöhnlich, einen Gesetzentwurf dadurch zu ändern, dass alles nach der in Kraft tretenden Klausel gestrichen und ein völlig neuer Gesetzentwurf eingefügt wird; oder eine Resolution zu ändern, indem alles nach den Worten „Das gestrichen und ein Vorschlag mit einem völlig anderen Tenor eingefügt wird.

---

13 Das Obige ist die von Herrn Jefferson festgelegte Regel (§ 33) und gilt, sofern sie nicht durch eine Sonderregel ersetzt wird, was im Allgemeinen in unseren gesetzgebenden Versammlungen der Fall ist; So gilt zum Beispiel im Senat der Vereinigten Staaten die Regel, dass beim Ausfüllen von Lücken die GRÖSSTE Summe und die LÄNGSTE Zeit zuerst gesetzt werden sollen. Im englischen Unterhaus gilt die übliche Regel, dass der KLEINES Betrag und die LÄNGSTE Zeit an erster Stelle stehen. *Zurück zum Text*

14 Die übliche, wenn nicht die einzige Art, diese Frage in den gesetzgebenden Versammlungen dieses Landes zu stellen, ist das „Durchstreichen". *Zurück zum Text*

15 Dies ist der übliche Fall, wenn ein Absatz gestrichen wird, nachdem er durch das Einfügen von Wörtern geändert wurde. *Zurück zum Text*

16 Herr Jefferson (§ xxxv.) sagt: „Die Frage ist dann, wenn gewünscht, zu teilen" usw.; Da er jedoch bei der Behandlung des Themas der Teilung keine Ausnahme von einem Streichungs- und Einfügungsantrag macht und dies hier nicht als Ausnahme anführt, geht er zweifellos davon aus, dass die Teilung in diesem Fall regelmäßig und üblich erfolgt Benehmen. *Zurück zum Text*

17 Diese Art, eine Maßnahme zu vereiteln, ist jedoch nicht immer erfolgreich. Im Jahr 1780 stellte Herr Dunning im Unterhaus einen Antrag, „dass nach Meinung dieses Hauses der Einfluss der Krone zugenommen hat, zunimmt und verringert werden sollte", sagte Dundas, Lord-Advocate von Um den Antrag abzulehnen, schlug Schottland eine Änderung vor, indem es nach den Worten „ IN DER STELLUNGNAHME DIESES HAUSES " die Worte „ES IST JETZT NOTWENDIG ZU ERKLÄREN, DASS USW." EINFÜGT. Aber anstatt die Freunde des ursprünglichen Antrags einzuschüchtern, wurde dieser Änderungsantrag sofort von ihnen angenommen und die Resolution in der geänderten Fassung verabschiedet. *Zurück zum Text*

Kapitel X.
Reihenfolge und Reihenfolge der Fragen.

134 . Es gilt als allgemeine Regel, dass, wenn ein Vorschlag regelmäßig einer beratenden Versammlung zur Prüfung vorgelegt wird, regelmäßig kein anderer Vorschlag oder Antrag gestellt oder gestellt werden kann, der den ersteren ersetzt und als erster behandelt wird. es sei denn, es handelt sich entweder *erstens um* eine privilegierte Frage; *zweitens* eine Nebenfrage; oder *drittens* eine beiläufige Frage oder einen Antrag.

135 . Alle diese Anträge treten an die Stelle des Hauptantrags oder der Hauptfrage, wie sie gewöhnlich genannt wird, und müssen zuerst zur Frage gestellt werden; und auch untereinander gibt es einige, die in gleicher Weise alle anderen ersetzen. Einige dieser Fragen ersetzen lediglich die Hauptfrage, bis sie entschieden sind; und wenn entschieden wird, ob positiv oder negativ, belassen Sie diese Frage wie zuvor. Andere von ihnen ersetzen ebenfalls die Hauptfrage, bis sie entschieden sind; und wenn es in eine Richtung entschieden wird, die Hauptfrage klären; Wenn Sie sich jedoch anders entscheiden, lassen Sie es wie zuvor.

SEKTE. I. PRIVILEGIERTE FRAGEN.

136 . Es gibt bestimmte Anträge oder Fragen, die aufgrund der höheren Bedeutung, die ihnen entweder aufgrund einer Abstimmung in der Versammlung oder aufgrund ihrer Prüfung beigemessen wird, oder aufgrund der Notwendigkeit des Verfahrens, zu dem sie führen, angenommen werden dürfen an die Stelle eines anderen Themas oder Vorschlags treten, der dann möglicherweise geprüft wird und über den zunächst von der Versammlung gehandelt und entschieden werden muss. Diese werden privilegierte Fragen genannt, weil sie Vorrang vor anderen Fragen haben, obwohl sie untereinander unterschiedlichen Grad haben. Es gibt drei Arten von Fragen dieser Art: *erstens* Anträge auf Vertagung; *zweitens* Anträge oder Fragen im Zusammenhang mit den Rechten und Privilegien der Versammlung oder ihrer einzelnen Mitglieder; und *drittens* Anträge für die Tagesordnung.

VERTAGUNG.

137 . Ein Antrag auf Vertagung ersetzt alle anderen Fragen; 18 denn andernfalls könnte die Versammlung gegen ihren Willen und auf unbestimmte Zeit sitzen bleiben; Um diesem Antrag jedoch Vorrang zu geben, muss es sich lediglich um eine „Vertagung" handeln, ohne dass ein bestimmter Tag oder eine bestimmte Uhrzeit hinzugefügt wird. Und da der Zweck dieses Antrags, wenn er mitten in einem anderen Verfahren gestellt wird und um eine bereits vorgeschlagene Frage zu ersetzen, lediglich darin besteht, die Sitzung zu unterbrechen, ist keine Änderung durch die

Hinzufügung von a zulässig bestimmten Tag oder auf andere Weise; Wenn jedoch ein Antrag auf Vertagung gestellt wird und der Versammlung keine anderen Angelegenheiten vorliegen, kann dieser wie andere Fragen geändert werden.

138 . Ein Antrag auf Vertagung besteht lediglich darin, „dass diese Versammlung sich jetzt vertagt"; und wenn sie positiv angenommen wird, wird die Versammlung auf den nächsten Sitzungstag vertagt; es sei denn, es wurde zuvor beschlossen, dass es sich nach dem Aufstehen auf einen bestimmten Tag vertagen wird; in diesem Fall wird es auf diesen Tag vertagt.

139 . Eine Vertagung ohne Tag, das heißt, ohne dass eine Zeit für die Wiedereinberufung festgelegt wurde, würde im Falle einer anderen als einer gesetzgebenden Versammlung einer Auflösung gleichkommen. 19

140 . Wenn eine Frage durch eine Vertagung unterbrochen wird, bevor darüber abgestimmt oder eine Frage gestellt wurde, wird sie dadurch der Versammlung entzogen und steht ihr nicht wie selbstverständlich als nächste Sitzung vor, sondern muss es sein in gewohnter Weise vorgetragen.

FRAGEN DES PRIVILEGS.

141 . Die Fragen, die an zweiter Stelle in relativer Bedeutung stehen und vorerst alle anderen mit Ausnahme der Frage der Vertagung ersetzen Rechte und Privilegien der Versammlung oder ihrer einzelnen Mitglieder; wie zum Beispiel, wenn der Ablauf der Versammlung gestört oder unterbrochen wird, sei es durch Fremde oder Mitglieder; oder wenn zwischen zwei Mitgliedern ein Streit entsteht; und in diesen Fällen ersetzt die Frage des Privilegs die zu diesem Zeitpunkt anhängige Frage zusammen mit allen Neben- und Nebenfragen und muss zuerst geklärt werden. Nach Erledigung wird die dadurch unterbrochene Frage an der Stelle fortgesetzt, an der sie ausgesetzt wurde.

BEFEHLE DES TAGES.

142 . Wenn die Behandlung eines Themas durch einen Beschluss der Versammlung einem bestimmten Tag zugewiesen wurde, wird die so zugewiesene Angelegenheit als Tagesordnung für diesen Tag bezeichnet. Wenn im Geschäftsverlauf, wie es in gesetzgebenden Versammlungen häufig vorkommt, für denselben Tag mehrere Themen zugewiesen werden, spricht man von Tagesordnungen.

143 . Eine Frage, die auf diese Weise zum Gegenstand einer Anordnung zur Prüfung an einem bestimmten Tag gemacht wird, wird dadurch zu einer privilegierten Frage für diesen Tag; Bei der Anordnung handelt es sich für diesen Sonderfall Wenn daher an dem für die Behandlung eines bestimmten Themas vorgesehenen Tag ein anderer Vorschlag (mit Ausnahme der beiden

vorangegangenen 20) gestellt oder gestellt wird, wird die Frage zunächst durch einen Antrag auf Tagesordnung ersetzt zusammen mit allen damit verbundenen Neben- und Nebenfragen erstellt und muss zunächst gestellt und entschieden werden; denn wenn die Debatte oder Betrachtung dieses Themas fortgesetzt werden könnte, könnte sie den ganzen Tag andauern und somit den Befehl zunichte machen.

144 . Dieser Antrag muss jedoch, um ihm den Vorrang zu geben, für die Anordnungen im Allgemeinen gelten, wenn es mehr als eine gibt, und nicht für eine bestimmte; und wenn die Entscheidung positiv ist, das heißt, dass die Versammlung nun mit den Tagesordnungen fortfahren wird, müssen diese in der Reihenfolge, in der sie vorliegen, gelesen und durchgearbeitet werden; Es wird davon ausgegangen, dass die Priorität der Reihenfolge dem Recht Priorität einräumt.

145 . Wenn die Behandlung eines Themas für eine bestimmte Stunde an dem genannten Tag vorgesehen ist, ist ein Antrag, damit fortzufahren, kein bevorrechtigter Antrag, bis diese Stunde erreicht ist; Wenn jedoch keine Stunde festgelegt ist, gilt die Reihenfolge für den gesamten Tag und jeden Teil davon.

146 . Wenn es mehrere Tagesbefehle gibt und einer davon für eine bestimmte Stunde festgelegt ist, müssen die Befehle, wenn sie vor dieser Stunde angenommen werden, bis zu dieser Stunde in ihrer jetzigen Form und dann mit dem zugewiesenen Thema fortgeführt werden diese Stunde ist die nächste; Wenn die Bestellungen jedoch zu diesem Zeitpunkt oder später in Angriff genommen werden, muss dieses bestimmte Thema als das erste in der Reihenfolge betrachtet werden.

147 . Wenn der Antrag auf Tagesordnung bejaht wird, wird die ursprüngliche Frage vor der Versammlung auf die gleiche Weise entfernt, als ob sie durch eine Vertagung unterbrochen worden wäre, und bleibt als Angelegenheit nicht vor der Versammlung selbstverständlich bei der nächsten Sitzung, muss aber wie gewohnt erneuert werden.

148 . Wenn der Antrag negativ entschieden wird, stellt die Abstimmung der Versammlung eine Entlastung der Anordnungen dar, sofern sie die Prüfung des ihr vorliegenden Themas beeinträchtigen und dazu berechtigen, zuerst über dieses Thema zu entscheiden.

149 . Tagesbefehle verfallen selbstverständlich und müssen für einen anderen Tag verlängert werden, sofern sie nicht am zugewiesenen Tag eingehen und erledigt werden. Es kann jedoch durch eine Sonderregel, wie in den gesetzgebenden Versammlungen von Massachusetts, vorgesehen werden, dass die Anordnungen für einen bestimmten Tag für jeden folgenden Tag gelten, bis sie aufgehoben werden.

150 . Nebenfragen sind solche, die sich aus anderen Fragen ergeben und daher vor den Fragen, die sie aufwerfen, entschieden werden müssen. Von dieser Art sind *erstens* Ordnungsfragen; *zweitens* Anträge zur Verlesung von Aufsätzen usw.; *drittens* , die Rücknahme eines Antrags zu gestatten; *viertens* : Aussetzung einer Regel; und *fünftens* : Änderung einer Änderung.

FRAGEN DER ORDNUNG.

151 . Es ist die Pflicht des Vorsitzenden einer beratenden Versammlung, die Regeln und Anordnungen des Gremiums, dem er vorsteht, in allen Verfahren durchzusetzen; und dies ohne Frage, Debatte oder Verzögerung in allen Fällen, in denen der Verstoß gegen die Ordnung oder die Abweichung von der Regel offensichtlich ist. Es ist auch das Recht gegen eine Regel auf deren Durchsetzung in gleicher Weise zu bestehen.

152 . Aber obwohl keine Frage zur Durchsetzung der Regeln gestellt werden kann, wenn ein Verstoß oder eine offensichtliche Abweichung von ihnen vorliegt, solange ein Mitglied auf ihrer Durchsetzung besteht; Dennoch kann und wird häufig die Frage aufgeworfen, ob in einem bestimmten Verfahren ein Ordnungsverstoß oder ein Verstoß gegen die Regeln vorliegt. und diese Fragen müssen geklärt werden, bevor ein Fall zur Durchsetzung der Regeln entstehen kann. Fragen dieser Art werden als Ordnungsfragen bezeichnet.

153 . Wenn im Verlauf eines anderen Verfahrens eine Frage dieser Art auftaucht, ersetzt sie zwangsläufig die weitere Betrachtung des Themas, aus dem sie hervorgeht, bis diese Frage geklärt ist. dann wird der ursprüngliche Antrag oder das ursprüngliche Verfahren wiederbelebt und nimmt seine frühere Position ein, es sei denn, er selbst wurde durch die Frage der Reihenfolge erledigt.

154 . Wenn eine Frage der Geschäftsordnung aufgeworfen wird, wie es auch von einem einzelnen Mitglied sein kann, wird sie nicht wie andere Fragen vom Vorsitzenden aus gestellt und von Versammlung Der Beschluss wird jedoch in erster Linie vom vorsitzenden Beamten ohne vorherige Debatte oder Diskussion in der Versammlung gefasst. Wenn die Entscheidung des Vorsitzenden nicht zufriedenstellend ist, kann jedes Mitglied Einspruch dagegen erheben und die Frage von der Versammlung entscheiden lassen. Dies nennt man *Berufung* gegen die Entscheidung des Vorsitzenden. Anschließend stellt der Vorsitzende des Berufungsverfahrens die Frage: *Gilt die Entscheidung des Vorsitzenden als Entscheidung der Versammlung?* und es wird daraufhin von der Versammlung auf die gleiche Weise wie jede andere Frage debattiert und entschieden; mit der Ausnahme, dass der Vorsitzende an der Debatte teilnehmen darf, was; In gewöhnlichen Fällen ist ihm dies untersagt.

155 . Es ist aus offensichtlichen Gründen eine allgemeine Regel, dass jedes Mitglied das Recht hat, wenn einer beschließenden Versammlung für ihre Entscheidung Unterlagen vorgelegt werden, diese einmal am Tisch verlesen zu lassen, bevor er gezwungen werden kann, darüber abzustimmen; und wenn daher nach die Verlesung eines Papiers im Zusammenhang mit einer der Versammlung vorgelegten Frage erforderlich ist muss keine Frage nach der Verlesung gestellt werden; Das Papier wird selbstverständlich vom Sachbearbeiter unter der Leitung des vorsitzenden Beamten gelesen.

156 . Aber mit Ausnahme der unter diese Regel fallenden Papiere ist es keinem Mitglied gestattet, ohne Genehmigung der Versammlung auf Antrag selbst Papiere, Bücher oder Dokumente jeglicher Art zu lesen oder gelesen zu haben eine zu diesem Zweck gestellte Frage. Die Verzögerungen und Unterbrechungen, die andernfalls durch die Lektüre jedes erforderlichen Aufsatzes entstehen würden, zeigen die absolute Notwendigkeit, die Regel auf die engstmöglichen Grenzen zu beschränken und jedem Mitglied so viele Informationen wie möglich über die behandelten Themen zu ermöglichen Bezug, über den er abstimmen wird.

157 . Wenn daher ein Mitglied wünscht, dass jedes Papier, Buch oder Dokument, das auf dem Tisch liegt, ob gedruckt oder geschrieben (außer wie oben erwähnt), zu seiner eigenen Information oder der der Versammlung gelesen wird; oder möchte an seiner Stelle, im Verlauf einer Debatte oder auf andere Weise ein solches Papier, Buch oder Dokument lesen; oder sogar eigene Rede zu lesen, die er zuvor vorbereitet und ; In all diesen Fällen muss er, wenn Einspruch erhoben wird, durch einen Antrag und eine entsprechende Abstimmung die Erlaubnis zur Verlesung in der Versammlung einholen.

158 . Wenn die Verlesung eines Papiers offensichtlich der Information und nicht der Verzögerung dient, ist es üblich, dass der vorsitzende Beamte dies zulässt, es sei denn, es wird Einspruch erhoben; in diesem Fall muss um Erlaubnis gebeten werden; und dies wird selten abgelehnt, wenn die Zeit und Geduld der Versammlung nicht vorsätzlich oder grob missbraucht wird.

159 . Es ist heute nicht mehr wie früher in gesetzgebenden Versammlungen üblich, alle vorgelegten Papiere zu lesen, insbesondere wenn sie sofort nach ihrer Präsentation an Ausschüsse überwiesen werden. Das Recht jedes Mitglieds, auf einer Lesung zu bestehen, bleibt jedoch weiterhin bestehen. Angesichts der heutigen Geschäftstätigkeit der gesetzgebenden Körperschaften wäre es unmöglich, einen Großteil ihrer Zeit dem Lesen von Papieren zu widmen.

160 . Wenn im Verlauf einer Debatte oder eines anderen Verfahrens die Lektüre eines Papiers gefordert wird und eine Frage dazu gestellt wird, ist diese Frage nebensächlich und muss zunächst entschieden werden.

RÜCKNAHME EINES ANTRAGS.

161 . Wenn ein Antrag regelmäßig vom Vorsitzenden gestellt, unterstützt und vorgeschlagen wird, ist er dann im Besitz der Versammlung und kann vom Antragssteller nicht zurückgezogen oder direkt auf andere Weise außer durch Abstimmung entschieden werden; Wenn also der Antragsteller eine Frage ändern oder durch eine andere ersetzen möchte, muss er zu diesem Zweck die Genehmigung der Versammlung einholen. Diese Erlaubnis kann, wenn Einspruch erhoben wird, nur durch einen Antrag 21 und eine Frage im üblichen Verfahrensverfahren eingeholt werden.

162 . Wird dieser Antrag bejaht, so wird der Antrag, auf den er sich bezieht, aus der Versammlung entfernt, als ob er nie gestellt worden wäre; im negativen Fall läuft das Geschäft wie bisher weiter.

AUSSETZUNG EINER REGEL.

163 . Wenn ein geplanter Antrag oder ein geplantes Verfahren aufgrund des Bestehens einer Sonderregel, die dies verbietet, undurchführbar wird, ist es in diesem Land gängige Praxis geworden, die Regel zu diesem Zweck auszusetzen auf sie der Zulassung des gewünschten Verfahrens oder Antrags. Dies kann nur durch einen Antrag und eine Frage geschehen; und wenn dieser Weg eingeschlagen wird, um einen Antrag zu stellen, der sich auf einen Vorschlag bezieht, der gerade geprüft wird, ersetzt ein Antrag auf Aussetzung der Regel vorerst die ursprüngliche Frage und muss zuerst entschieden werden. 22

164 . In den von beratenden Versammlungen und insbesondere von gesetzgebenden Körperschaften angenommenen Geschäftsordnungen ist es üblich, vorzusehen, dass eine bestimmte Zahl, die die Mehrheit übersteigt, beispielsweise zwei Drittel oder drei Viertel, für die Aussetzung einer Regel in einem bestimmten Fall zuständig ist. Wo dies nicht vorgesehen ist, scheint es keine andere Möglichkeit zur Aussetzung oder Aufhebung einer Regel zu geben als durch allgemeine Zustimmung.

ÄNDERUNG DER ÄNDERUNGEN.

165 . Bei der Behandlung von Änderungsanträgen wurde bereits festgestellt, dass es zulässig ist, einen Änderungsvorschlag zu ändern; und dass die Frage zu einem solchen Zusatzantrag unbedingt gestellt und entschieden werden muss, bevor die . Ersteres ist gegenüber Letzterem nebensächlich und ersetzt es vorerst.

166 . Untergeordnete oder sekundäre Fragen oder Anträge sind, wie bereits erwähnt, solche, die sich auf einen Hauptantrag beziehen und dazu dienen, der Versammlung die Möglichkeit zu geben, auf die geeignetste Art und Weise darüber zu entscheiden. Diese Anträge haben die Wirkung, die Hauptfrage zu ersetzen und in manchen Fällen, wenn sie in eine bestimmte Richtung entschieden werden, zu klären. Sie sind auch untereinander von unterschiedlichem Grad und je nach ihrer unterschiedlichen Natur ersetzen sie einander und beseitigen manchmal einander.

167 . Die gebräuchlichen Hilfsanträge sind die folgenden: – auf den Tisch legen, – die vorherige Frage, – Verschiebung, entweder auf unbestimmte Zeit oder auf einen bestimmten Tag, – Verpflichtung, – und Änderung.

168 . Mit einigen Ausnahmen, die gleich erwähnt werden, gilt als allgemeine Regel, dass Hilfsanträge nicht aufeinander angewendet werden können. Nehmen wir beispielsweise einen Antrag auf Verschiebung, Festschreibung oder Änderung einer Hauptfrage an, so kann er nicht dazu bewegt werden, den Antrag auf Verschiebung usw. zu unterdrücken frühere Frage darauf gestellt wird; oder, angenommen, die vorherige Frage wird verschoben, oder es handelt sich um eine Zusage oder einen Änderungsantrag zu einer Hauptfrage, es kann nicht verschoben werden, um die vorherige Frage oder den Antrag auf Zusage oder Änderung zu verschieben. Die Gründe für diese Regel sind: 1. Es wäre absurd, das Anhängsel von seinem Hauptteil zu trennen; 2. Es würde zu einer Aneinanderreihung von Fragen kommen, was, um Peinlichkeiten zu vermeiden, nicht erlaubt ist; und 3. Dasselbe Ergebnis kann einfacher erreicht werden, indem gegen den Antrag gestimmt wird, den man durch einen anderen Nebenantrag beseitigen will.

169 . Die Ausnahmen von der oben genannten Regel bestehen darin, dass Anträge auf Verschiebung (entweder auf einen bestimmten Tag oder auf unbestimmte Zeit), Festlegung oder Änderung einer Hauptfrage aus dem Grund geändert werden können, dass der Änderungsantrag einen nützlichen Charakter hat das Privileg, sich einem sekundären und bevorrechtigten Antrag anzuschließen; Das heißt, ein Hilfsantrag zur Durchführung und Verbesserung eines anderen Antrags kann auf diesen anderen Antrag angewendet werden, ein Hilfsantrag zur Veräußerung oder Unterdrückung eines anderen Antrags ist jedoch nicht zulässig. Daher können die oben genannten Hilfsanträge geändert werden.

170 . Eine vorherige Frage kann jedoch nicht geändert werden; die Natur davon lässt keine Veränderung zu. Der parlamentarische Brauch hat seine Form festgelegt: Soll nun die Hauptfrage gestellt werden? das ist in diesem Augenblick; und da der gegenwärtige Augenblick nur ein einziger ist, kann er keine Modifikationen zulassen; und es auf den nächsten Tag oder einen

anderen Zeitpunkt zu ändern, ist ohne Beispiel oder Nutzen. Auch aus den gleichen Gründen, weil die Form durch den parlamentarischen Brauch festgelegt und bereits so einfach wie möglich ist, kann ein auf dem Tisch liegender Antrag nicht geändert werden.

LEG DICH AUF DEN TISCH.

171 . Auf diesen Antrag wird üblicherweise dann zurückgegriffen, wenn die Versammlung etwas anderes vor sich hat, das ihre gegenwärtige Aufmerksamkeit beansprucht, und deshalb einen Vorschlag für eine kurze, aber unbestimmte Zeit beiseite legen möchte, wobei sie sich die Macht vorbehält, ihn bei Bedarf aufzugreifen. Dieser Antrag geht allen anderen Nebenanträgen vor und ersetzt diese.

172 . Wird mit Ja" entschieden, wird der Hauptantrag zusammen mit allen anderen damit zusammenhängenden Neben- und Nebenanträgen von der Versammlung zurückgezogen, behandelt wird; Dies kann durch Antrag und Abstimmung jederzeit erfolgen, wenn die Versammlung dies wünscht.

173 . Bei einer negativen Entscheidung wird der Geschäftsgang auf die gleiche Weise fortgesetzt, als ob der Antrag nie gestellt worden wäre.

VORHERIGE FRAGE.

174 . Dieser Antrag wurde bereits beschrieben (63) und seine Art und Wirkung vollständig dargelegt. Er steht allen anderen Nebenanträgen gleich, mit Ausnahme des Antrags, sich auf den Tisch zu legen; und kann daher, sofern sie erstmals gestellt wurde, nicht durch einen Antrag auf Verschiebung, Festlegung oder Änderung ersetzt werden.

175 . Wenn die vorherige Frage vor den anderen oben genannten gestellt und zur Frage gestellt wird, hat dies zur Folge, dass diese Anträge überhaupt nicht gestellt werden können; denn wenn positiv entschieden würde, das heißt, dass die Hauptfrage jetzt gestellt werden soll, wäre es natürlich im Widerspruch zum Beschluss der Versammlung und daher gegen die Anordnung, eine Verschiebung, Festlegung oder Änderung vorzunehmen; und wenn negativ entschieden wird, das heißt, dass die Hauptfrage jetzt nicht gestellt werden soll, so wird die Hauptfrage für diesen Tag aus dem Besitz der Versammlung genommen es dann nichts mehr gibt, was verschoben werden könnte, verpflichten oder ändern. 23

VERSCHIEBUNG.

176 . Der Antrag auf Verschiebung ist entweder auf unbestimmte Zeit oder auf einen bestimmten Tag beschränkt; und in beiden Formen möglicherweise geändert; im ersten Fall, indem man es auf einen Tag festlegt, im zweiten Fall, indem man einen Tag durch einen anderen ersetzt. Aber im letzteren Fall haben Vorschläge, den ursprünglich genannten durch einen anderen Tag zu

ersetzen, mehr Ähnlichkeit mit Vorschlägen zum Ausfüllen von Lücken als mit Änderungsanträgen und sollten entsprechend berücksichtigt und behandelt werden.

177 . Wenn daher ein Antrag auf eine unbefristete Verschiebung gestellt wird, kann beantragt werden, den Antrag zu ändern, indem er ihn auf einen bestimmten Tag festlegt. Wenn ein anderer Tag gewünscht wird, kann dieser als Ergänzung zum Änderungsantrag verschoben werden; oder er kann als eigenständiger Antrag eingereicht werden, wenn der Änderungsantrag abgelehnt wurde.

178 . Wenn ein Antrag auf Verschiebung auf einen bestimmten Tag gestellt wird, kann dieser durch die Ersetzung eines anderen Tages geändert werden; In diesem Fall besteht eine einfachere und effektivere Vorgehensweise darin, den Tag als leeres Feld zu betrachten, das auf die übliche Weise, beginnend mit der längsten Zeit, ausgefüllt werden muss.

179 . Dieser Antrag steht in gleichem Maße mit den Anträgen zur vorherigen Frage – zur Verpflichtung – und zur Änderung; und kann, wenn sie erstmals erstellt wurde, nicht durch sie ersetzt werden.

180 . Wenn über einen Antrag auf Aufschiebung positiv entschieden wird, wird der Vorschlag, auf den er angewendet wird, mit all seinen Anhängen und Zwischenfällen vor der Versammlung entfernt, und folglich gibt es keinen Grund für einen der anderen Hilfsanträge; Wenn negativ entschieden wird, dass der Vorschlag nicht verschoben werden soll, kann diese Frage durch die vorherige Frage unterdrückt, festgelegt oder geändert werden.

ENGAGEMENT.

181 . Ein Antrag auf Festlegung oder erneute Festlegung (was der Begriff ist, der verwendet wird, wenn der Vorschlag bereits einmal festgelegt wurde) kann geändert werden wird oder die Anzahl der Ausschusstypen erhöht oder verringert wird die Mitglieder des Ausschusses, wie ursprünglich vorgeschlagen, oder durch Weisungen an den Ausschuss.

182 . Dieser Antrag steht in gleichem Maße mit der vorherigen Frage und Verschiebung in Einklang – und wird, wenn er erstmals gestellt wird, durch diese nicht ersetzt –, hat jedoch Vorrang vor einem Änderungsantrag.

183 . Bei positiver Entscheidung wird der Vorschlag vor der Versammlung entfernt; und folglich gibt es keinen Grund für die vorherige Frage oder für eine Verschiebung oder Änderung; Wenn dies negativ ist, das heißt, dass die Hauptfrage nicht festgelegt werden soll, kann diese Frage durch die vorherige Frage unterdrückt, verschoben oder geändert werden.

184 . Wie wir gesehen haben, kann ein Änderungsantrag selbst geändert werden. Sie steht nur im gleichen Maße mit der vorherigen Frage und der unbestimmten Verschiebung in Einklang, und keine von beiden wird, wenn sie zuerst gestellt wird, durch die andere ersetzt.

185 . Aber dieser Antrag kann durch ersetzt werden ; Damit Änderung und Aufschub konkurrieren, ist letzterer an erster Stelle zu setzen. Der Grund dafür ist, dass eine Änderungsfrage nicht durch die Verschiebung oder Vertagung der Hauptfrage unterdrückt wird, sondern vor der Versammlung verbleibt, wann immer die Hauptfrage wieder aufgenommen wird; Denn andernfalls könnte es passieren, dass die Gelegenheit für andere dringende Angelegenheiten verstreicht und durch die lange Debatte über den Änderungsantrag verloren geht, wenn die Versammlung nicht die Macht hätte, das ganze Thema aufzuschieben.

186 . Ein Änderungsantrag kann auch durch einen Verpflichtungsantrag ersetzt werden; so dass letzteres, obwohl später verschoben, an erster Stelle steht; denn „in Wahrheit erleichtert und begünstigt es den Änderungsantrag."

187 . Die Auswirkungen sowohl einer negativen als auch einer positiven Änderungsentscheidung wurden bereits berücksichtigt (94 bis 127).

---

18 Es wird allgemein gesagt, dass ein Antrag auf Vertagung immer angebracht sei, aber das stimmt nicht ganz. Die Frage der Vertagung kann am selben Tag wiederholt gestellt werden; doch streng genommen, nicht ohne dass eine Zwischenfrage gestellt wird, nachdem über einen Antrag auf Vertagung entschieden wurde und bevor der nächste Antrag auf Vertagung gestellt wird; B. als Änderungsantrag zu einer anstehenden Frage oder für die Lektüre eines Aufsatzes. Der Grund dafür ist, dass die bereits entschiedene Frage mit der neu gestellten identisch ist, bis ein anderes Verfahren eingeleitet wird. *Zurück zum Text*

19 Wenn das Geschäft einer beratenden Versammlung abgeschlossen ist, ist es durchaus üblich, die Versammlung auf einen Tag zu vertagen. Eine bessere Form besteht darin, es aufzulösen; als Vertagung ohne Tag ist, wenn wir die Etymologie des Wortes vertagen betrachten, ein Widerspruch in sich. *Zurück zum Text*

20 „Ein Antrag auf Vertagung und eine Privilegienfrage haben Vorrang vor einem Antrag auf Tagesordnung." – ED. *Zurück zum Text*

21 „Dieser Antrag ist nicht umstritten." – ED. *Zurück zum Text*

22 „Ein Antrag auf Aussetzung der Regeln ist nicht diskutierbar." –
ED. *Zurück zum Text*

23   Da im Repräsentantenhaus von Massachusetts eine negative
Entscheidung der vorherigen Frage nicht dazu führt, dass die
Hauptfrage vor dem Repräsentantenhaus verschwindet, kann diese
Frage trotz einer solchen negativen Entscheidung immer noch
verschoben, festgelegt oder geändert werden. *Zurück zum Text*

KAPITEL XI.
DER VERFAHRENSORDNUNG.

188 . Wenn mehrere Themen vor der Versammlung stehen; das heißt, es liegt zur Prüfung auf dem Tisch (denn es kann immer nur ein einziges Thema zur gleichen Zeit *behandelt* werden), und es wurde keinem Thema Vorrang vor einem anderen eingeräumt, und der vorsitzende Beamte ist nicht genau an eine Anordnung gebunden Welche Angelegenheiten sollen zuerst behandelt werden? Dies bleibt jedoch seinem eigenen Ermessen überlassen, es sei denn, die Versammlung beschließt in einer Frage, ein bestimmtes Thema aufzugreifen.

189 . Eine geregelte Geschäftsordnung jedoch, bei der die Verhandlungen einer Versammlung voraussichtlich eine beträchtliche Zeit in Anspruch nehmen und die anstehenden Angelegenheiten relativ zahlreich sind, ist für die Leitung des Vorsitzenden nützlich, wenn nicht sogar notwendig, und um einzelne Mitglieder davon abzuhalten Außerhalb der ihnen zur Verfügung stehenden Zeit können sie Lieblingsmaßnahmen oder Angelegenheiten, für die sie besonders zuständig sind, abrufen. Es ist auch wünschenswert, um den Ermessensspielraum der Versammlung zu lenken, wenn ein Antrag gestellt wird, eine bestimmte Angelegenheit zum Nachteil anderer zu behandeln, die von Rechts wegen Anspruch darauf haben, sich zuerst mit der allgemeinen Ordnung zu befassen Geschäft.

190 . Die Geschäftsordnung kann aufgrund einer allgemeinen Regel oder durch besondere Anordnungen zu jedem einzelnen Thema festgelegt werden und muss natürlich notwendigerweise von der Art und dem Umfang der der Versammlung vorgelegten Angelegenheiten abhängen.

191 . Die natürliche Reihenfolge bei der Prüfung und Änderung eines Aufsatzes, der aus mehreren unterschiedlichen Thesen besteht, besteht darin, am Anfang zu beginnen und ihn absätzeweise durchzugehen; und diese Vorgehensweise würde, wenn sie strikt eingehalten würde, wie es in zahlreichen Versammlungen immer der Fall sein sollte, verhindern, dass eine Änderung in einem früheren Teil zulässig wäre, nachdem ein letzter Teil geändert wurde; In kleineren Gremien, in denen es oft von Vorteil sein kann, von einem Teil eines Dokuments zum anderen zu wechseln, um Änderungen vorzunehmen, scheint es jedoch nicht so wichtig zu sein, diese Regel einzuhalten.

192 . Von dieser natürlichen Ordnung, am Anfang zu beginnen, gibt es nach parlamentarischem Brauch eine Ausnahme, wenn eine Resolution oder eine Reihe von Resolutionen oder ein anderes Papier eine Präambel oder einen

Titel hat, in welchem Fall die Präambel oder der Titel lautet verschoben, bis die Reste des Papiers vernichtet sind.

193 . Bei der Betrachtung eines Vorschlags, der aus mehreren Absätzen besteht, ist es zunächst einmal so, dass der Schreiber die gesamte Arbeit vollständig durchliest; dann ein zweites Mal, vom vorsitzenden Beamten, nach Absätzen; Halten Sie am Ende jeder Sitzung inne und stellen Sie Fragen zur Änderung, wenn Änderungen vorgeschlagen werden. und wenn das gesamte Dokument auf diese Weise durchgearbeitet wurde , stellt der vorsitzende Beamte die letzte Frage, ob er dem gesamten Dokument in der geänderten oder unveränderten Fassung zustimmen oder es annehmen soll.

194 . Wenn ein Papier, das an einen Ausschuss überwiesen und an die Versammlung zurückgemeldet wurde, zur Prüfung angenommen wird, werden die Änderungsanträge natürlich zunächst nur vom Schriftführer gelesen. Der Vorsitzende liest dann den ersten und stellt ihn der Frage vor und so weiter, bis das Ganze angenommen oder abgelehnt wird, bevor jeder andere Änderungsantrag zugelassen wird, mit Ausnahme eines Änderungsantrags zu einem Änderungsantrag. Wenn die vom Ausschuss gemeldeten Änderungsanträge auf diese Weise beseitigt wurden, hält der Vorsitzende inne und gibt Zeit für die Änderungsanträge, die in der Versammlung zum Hauptteil des Papiers vorgeschlagen werden sollen (was er auch tut, wenn das Papier bereits geändert wurde). ohne Änderungen berichtet, es werden keine Fragen gestellt, sondern nur die vorgeschlagenen Änderungen); und wenn das Ganze durchgeht, stellt er die Frage nach der Zustimmung oder Annahme des Papiers, als Beschluss, Anordnung usw. der Versammlung.

195 . Die letzte Frage bezieht sich manchmal lediglich auf die Annahme des Berichts. Besser wäre es jedoch, mit dem Ausschuss in der Entschließung, Anordnung oder was auch immer die Schlussfolgerung des Berichts in der geänderten Fassung oder ohne Änderung zu vereinbaren, zuzustimmen Der Beschluss oder die Anordnung ist dann als Beschluss usw. der Versammlung und nicht als angenommener Bericht des Ausschusses in das Journal einzutragen.

196 . Wenn das an einen Ausschuss verwiesene Papier in der geänderten Fassung in einem neuen Entwurf zurückgemeldet wird (was bei zahlreichen und vergleichsweise unwichtigen Änderungsanträgen möglich ist und häufig auch der Fall ist), ist der neue Entwurf als Änderung zu betrachten und ist bei Bedarf zunächst zu ändern und dann als vom Ausschuss vorgelegter Änderungsantrag zur Frage zu stellen; oder der Kurs kann darin bestehen, zunächst für die Originalarbeit zu akzeptieren und ihn dann als solchen zu behandeln.

197 . Es kommt oft vor, dass außer einer Hauptfrage noch mehrere damit zusammenhängende Fragen gleichzeitig anhängig sind, die in ihrer Reihenfolge behandelt werden müssen; Nehmen wir zum Beispiel *zunächst* einen Hauptantrag an; *zweitens* ein Änderungsantrag; *drittens* ein Antrag auf Verpflichtung; *Viertens*, da die vorangegangenen Anträge anhängig sind, stellt sich in der Debatte eine Frage der Reihenfolge, die Anlass gibt, *fünftens*, eine Privilegienfrage zu stellen, und dies führt, *sechstens*, dazu, dass ein Hilfsantrag auf dem Tisch liegt. Der reguläre Verfahrensablauf erfordert, dass der auf dem Tisch liegende Antrag zuerst gestellt wird; wird dies verneint, ist die Privilegienfrage geklärt; danach kommt die Frage der Ordnung; dann die Frage des Engagements; Wenn dies abgelehnt wird, wird die Änderungsfrage gestellt. und schließlich die Hauptfrage. Dieses Beispiel wird hinreichend veranschaulichen, wie Fragen auseinander hervorgehen können und in welcher Reihenfolge sie zu entscheiden sind. 24

198 . Wenn ein Antrag gestellt und unterstützt wird, ist es die Pflicht des Vorsitzenden, ihn der Versammlung vorzuschlagen; Solange dies nicht geschehen ist, handelt es sich nicht um eine Frage vor der Versammlung, über die in irgendeiner Weise gehandelt oder darüber nachgedacht werden muss; und folglich steht es keinem Mitglied zu, sich zu erheben, um darüber zu debattieren oder irgendeinen diesbezüglichen Antrag zu stellen.

199 . Es ist daher ein äußerst unparlamentarisches und missbräuchliches Verfahren, zuzulassen, dass ein Hauptantrag und ein damit zusammenhängender Nebenantrag gemeinsam vorgeschlagen und dargelegt und in ihrer Reihenfolge zur Frage gestellt werden. Dies geschieht beispielsweise dann, wenn ein Mitglied eine Hauptfrage, beispielsweise eine Entschließung, und gleichzeitig die vorherige Frage vorlegt oder die Entschließung auf dem Tisch liegt. In einem solchen Fall sollte der Vorsitzende den Hilfsantrag überhaupt nicht berücksichtigen, sondern den Hauptantrag in der üblichen Weise selbst vorschlagen, bevor er die Stellung eines anderen Antrags zulässt. Andere Mitglieder würden dann nicht ihres Rechts auf Debatte usw. in Bezug auf das behandelte Thema beraubt.

200 . Wenn ein Mitglied das Wort erhalten hat, kann es nicht davon abgehalten werden, vor der Versammlung über die ihr vorliegende Frage zu sprechen; noch darf er, wenn er spricht, in seiner Rede dadurch unterbrochen werden, dass sich ein anderes Vertagung oder Tagesordnung beantragt oder einen anderen bevorzugten Antrag der gleichen Art stellt Es gilt als allgemeine Regel, dass ein Mitglied, das gerade das Wort hat oder seine Rede hält, nur durch einen Ordnungsruf abgesetzt oder unterbrochen werden kann; und die Frage der Ordnung ist entschieden, er muss noch verhandelt werden. Ein Antrag auf Vertagung, auf Tagesordnung oder auf Anfrage durch Herren auf ihren Plätzen ist kein Antrag; Da kein Antrag gestellt werden kann, ohne aufzustehen, den Vorsitzenden anzusprechen und vom

vorsitzenden Beamten dazu aufgefordert zu werden. Solche Aufrufe zu dieser Frage stellen selbst Verstöße gegen die Geschäftsordnung dar, die das Mitglied, das aufgestanden ist, sie zwar als Ausdruck der Ungeduld der Versammlung auf eine weitere Debatte respektieren mag, ihn jedoch nicht daran hindert, fortzufahren, wenn es ihm gefällt.

---

24 Die Reihenfolge der Anträge zur Entscheidung einer Frage wird in gesetzgebenden Versammlungen normalerweise durch eine Sonderregel festgelegt. Siehe Anmerkung zu Absatz 61 . *Zurück zum Text*

KAPITEL XII.
Ordnung in der Debatte.

201 . Die Debatte in einer beratenden Versammlung muss von der forensischen Debatte oder derjenigen, die vor einem Gericht stattfindet, unterschieden werden; Ersteres ist, zumindest theoretisch, eher der Ausdruck individueller Meinungen unter den Mitgliedern desselben Gremiums; Letzteres ist eher ein Kampf um den Sieg zwischen den Streitenden vor einem gesonderten und unabhängigen Gremium; Ersterer ließ keine Antworten zu; Letzterer betrachtet die Gegenerwiderung als das Recht einer der Parteien. 25

202 . In allen beratenden Versammlungen gilt die allgemeine Regel, dass der Vorsitzende nur als solcher an der Debatte oder anderen Verhandlungen teilnehmen darf. Ihm ist es daher nur gestattet, Sachverhalte darzulegen, die ihm bekannt sind; die Versammlung über die Geschäftsordnung oder den Verfahrensablauf zu unterrichten, wenn er dazu aufgefordert wird oder es für erforderlich hält; und bei Einsprüchen gegen seine Entscheidung in Fragen der Ordnung, sich in einer Debatte an die Versammlung zu wenden.

SEKTE. I. ZUR ART DES SPRECHENS.

203 . Wenn ein Mitglied sich zu irgendeinem Thema vor der Versammlung äußern möchte (und auch einen Antrag stellen möchte), muss es unbedeckt an seinem Platz stehen und sich nicht an die Versammlung oder ein bestimmtes Mitglied wenden , sondern an den Vorsitzenden, der ihn, wenn er ihn hört, bei seinem Namen ruft, damit die Versammlung merkt, wer spricht, und ihre Aufmerksamkeit dementsprechend schenkt. Wenn sich die Frage stellt, wem das Wort zusteht, und wenn mehrere Mitglieder gleichzeitig oder nahezu gleichzeitig aufstehen, wird auf die bereits beschriebene Weise entschieden (47), um das Wort für die Stellung eines Antrags zu erhalten.

204 . Es ist in der Tat üblich, dass der vorsitzende Beamte, nachdem ein Antrag gestellt, unterstützt und vorgeschlagen dem Antragsteller das Wort erteilt,] anderen, wenn er sich erhebt, um zu sprechen oder bei Wiederaufnahme einer Debatte nach einer Vertagung das Wort, wenn er dies wünscht, dem Antragsteller der Vertagung vorrangig vor anderen Mitgliedern zu erteilen; oder, wenn zwei oder mehr Mitglieder das Wort beanspruchen, demjenigen den Vorzug zu geben, der gegen die betreffende Maßnahme ist; In all diesen Fällen kann die Entscheidung des Vorsitzenden jedoch von der Versammlung außer Kraft gesetzt werden.

205 . Manchmal wird angenommen, dass ein Mitglied, wenn es im Verlauf einer Debatte seine Rede unterbricht und das Wort zu einem bestimmten Zweck einem anderen überlässt, von Rechts wegen wieder Anspruch darauf

hat, sobald dieser Zweck erreicht ist ; aber obwohl dies im Allgemeinen zugegeben wird, tut es doch, wenn ein Mitglied das Wort für einen Zweck aufgibt, dies für alle; und es ist dem Vorsitzenden nicht möglich, Vereinbarungen dieser Art zwischen Mitgliedern zur Kenntnis zu nehmen und durchzusetzen.

206 . Niemand darf beim Sprechen mit seinem Namen erwähnen; sondern um ihn durch seinen Sitz in der Versammlung oder als das Mitglied zu beschreiben, das zuletzt oder vorletztes gesprochen hat, oder auf der anderen Seite der Frage, oder durch einen anderen gleichwertigen Ausdruck. Der Zweck dieser Regel besteht darin, die Erregung aller persönlichen Gefühle, sei es der Gunst oder der Feindseligkeit, so weit wie möglich zu verhindern, indem sozusagen der Beamte vom persönlichen Charakter jedes Mitglieds getrennt und erstere berücksichtigt wird nur in der Debatte.

207 . Wenn der Vorsitzende aufsteht, um zu sprechen, sollte sich jedes andere Mitglied, das möglicherweise aus demselben Grund aufgestanden ist, setzen, damit ersteres zuerst gehört werden kann; diese Regel berechtigt den Vorsitzenden jedoch nicht, ein Mitglied während seiner Rede zu unterbrechen oder einem, dem er das Wort erteilt hat, das Wort zu unterbrechen; er muss wie andere Mitglieder warten, bis dieses Mitglied seine Rede beendet hat.

208 . Ein Mitglied muss beim Sprechen unbedeckt an seinem Platz stehen bleiben; und wenn er seine Rede beendet hat, sollte er seinen Platz wieder einnehmen; Wenn er jedoch aufgrund von Alter, Krankheit oder anderen Gebrechen nicht in der Lage ist, ohne Schmerzen oder Unannehmlichkeiten zu stehen, kann ihm gestattet werden, im Sitzen zu sprechen.

ABSCHN. II. ZUR SACHE DES SPRECHENS.

209 . Jede Frage, die in einer beratenden Versammlung gestellt werden kann, ist ihrer Natur nach diskussionsfähig 27 das heißt, jedes Mitglied hat das Recht, seine Meinung dazu zu äußern. Daher ist es eine allgemeine und wichtigste Regel in Bezug auf diese Angelegenheit, dass sich diejenigen, die in einer Debatte sprechen, auf die Frage beschränken und nicht unverschämt oder neben dem Thema sprechen sollen. Solange ein Mitglied das Wort hat und sich an die Regeln hält, kann es so lange sprechen, wie es ihm gefällt; Wenn jedoch ein uninteressanter Redner die Zeit und Geduld der Versammlung zu sehr beansprucht, versäumen die Mitglieder selten, ihre Unzufriedenheit auf die eine oder andere Weise zu zeigen, was ihn dazu veranlasst, seine Ausführungen zu beenden.

210 . Es ist auch eine Regel, dass niemand in seinen Reden Sprache gegen die Verhandlungen der Versammlung verwenden oder sich über frühere Beschlüsse der Versammlung äußern darf es sei denn, er möchte seine

Ausführungen mit einem entsprechenden Antrag abschließen diese Entscheidung widerrufen; Aber während ein Vorschlag, der gerade geprüft wird, noch aussteht und nicht angenommen wurde, sind Überlegungen dazu keine Überlegungen zur Versammlung, auch wenn er möglicherweise von einem Ausschuss vorgelegt wurde. Die Regelung gilt gleichermaßen für die Arbeit von Ausschüssen; Das sind in der Tat die Verhandlungen der Versammlung.

211 . Eine weitere Regel beim Reden ist, dass es keinem Mitglied gestattet ist, von der Sache abzuschweifen, sich auf die Person eines anderen einzulassen und beleidigende, beleidigende oder unanständige Worte über ihn oder zu ihm zu äußern. Die Art oder die Folgen einer Maßnahme können scharf kritisiert werden; aber die Beweggründe derer, die es vertreten, anzuprangern, ist eine Persönlichkeit und gegen die Ordnung.

212 . Es ist sehr oft eine äußerst schwierige und heikle Angelegenheit zu entscheiden, ob die Bemerkungen eines Mitglieds für die Frage relevant oder relevant sind; Im Allgemeinen kann der Vorsitzende sie jedoch ohne Bedenken als solche betrachten, es sei denn, sie werfen in unzulässiger Weise eindeutige Rückschlüsse auf die Person oder die Beweggründe eines Mitglieds oder auf die Verhandlungen [der Versammlung ; oder das sprechende Mitglied weicht von der Frage ab oder verkennt die Frage offensichtlich.

213 . Bei der Betrachtung eines Themas kommt es oft vor, dass die allgemeine Frage dieselbe bleibt, die besondere Frage vor der Versammlung sich jedoch ständig ändert. Während also beispielsweise die allgemeine Frage die Verabschiedung einer Reihe von Entschließungen betrifft, kann sich die besondere Frage zu einem bestimmten Zeitpunkt auf einen Änderungsantrag beziehen; bei einem anderen auf Aufschub; Und noch einmal zur vorherigen Frage. In all diesen Fällen verdrängt die Einzelfrage vorübergehend die Hauptfrage; und diejenigen, die mit ihm sprechen, müssen ihre Bemerkungen entsprechend beschränken. Die Durchsetzung der Ordnung erfordert in dieser Hinsicht die größte Aufmerksamkeit seitens des vorsitzenden Beamten.

214 . Wenn ein Mitglied vom vorsitzenden Beamten unterbrochen oder von einem Mitglied zur Ordnung gerufen wird 28 weil die Frage irrelevant ist oder von , kann die Frage gestellt werden, ob es ihm gestattet werden soll, in seiner Angelegenheit fortzufahren Bemerkungen zu der Art und Weise, wie er sprach, als er unterbrochen wurde; aber wenn keine Frage gestellt wird oder wenn eine Frage gestellt und verneinend entschieden wird, ist es ihm dennoch gestattet, der Reihe nach fortzufahren, d. h. den anstößigen Verlauf der Bemerkung aufzugeben.

215 . Die allgemeine Regel in allen beratenden Versammlungen ist, sofern nicht ausdrücklich etwas anderes vorgesehen ist, dass kein Mitglied mehr als einmal zu derselben Frage sprechen darf; 29 Die Debatte zu dieser Frage kann jedoch vertagt und über mehrere Tage fortgesetzt werden. und obwohl ein Mitglied, das ein zweites Mal sprechen möchte, im Laufe der Debatte seine Meinung geändert hat.

216 . Diese Regel bezieht sich auf dieselbe Frage, technisch betrachtet; Denn wenn eine Entschließung vorgelegt und debattiert und dann an einen Ausschuss weitergeleitet wird, können diejenigen, die bei der Einleitung des Antrags sprechen, erneut zu der im Bericht des Ausschusses dargelegten Frage sprechen, obwohl es sich bei ersterer im Wesentlichen um dieselbe Frage handelt ; und so können Mitglieder, die sich zur Haupt- oder Hauptfrage geäußert haben, noch einmal zu allen Neben- oder Nebenfragen sprechen, die sich im Laufe der Debatte ergeben.

217 . Die Regel, zu einer Frage nur einmal zu sprechen, verhindert bei strikter Durchsetzung, dass ein Mitglied ohne die allgemeine Zustimmung der Versammlung ein zweites Mal spricht, solange es ein anderes Mitglied gibt, das selbst sprechen möchte ; aber wenn alle, die sprechen möchten, gesprochen haben, kann ein Mitglied mit Erlaubnis der Versammlung ein zweites Mal sprechen.

218 . Einem Mitglied kann auch gestattet werden, in derselben Debatte ein zweites Mal zu sprechen, um einen Sachverhalt zu klären; oder sich lediglich in einem wesentlichen Teil seiner Rede zu erklären; oder auf die Anordnungen der Versammlung, wenn sie übertreten werden (obwohl keine Frage gestellt werden darf), aber sorgfältig innerhalb dieser Linie bleiben und nicht in die Sache selbst verfallen.

219 . Manchmal wird angenommen, dass ein Mitglied, weil es das Recht hat, sich zu erklären, auch das Recht hat, ein anderes Mitglied während seiner Rede zu unterbrechen, um die Erklärung abzugeben: Aber das ist ein Fehler; er sollte warten, bis das Mitglied seine Rede beendet hat; und wenn ein Mitglied auf Anfrage das Wort für eine Erklärung erteilt, verzichtet es ganz darauf.

SEKTE. IV. WAS DAS STOPPEN DER DEBATTE ANGEHT.

220 . Der einzige Weg, der in diesem Land bis vor Kurzem genutzt wurde, um einer unnützen oder ermüdenden Debatte ein Ende zu setzen, war das Verschieben der vorherigen Frage; Wenn dieser Antrag bejaht wird, hat dies, wie bereits erläutert, zur Folge, dass die Hauptfrage sofort behandelt werden muss. Wenn diese Frage gestellt wird, setzt dies zwangsläufig jede weitere Prüfung der Hauptfrage aus und schließt jede weitere Debatte oder

Änderung derselben aus; obwohl es, wie wir gesehen haben, im gleichen Maße mit Aufschub, Änderung und Verpflichtung zusammenhängt; und kann, sofern nicht aufgrund einer besonderen Regelung, nicht verschoben werden, während einer dieser Anträge anhängig ist.

221 . Die andere Möglichkeit, eine Debatte zu beenden, die kürzlich eingeführt wurde, besteht darin, dass die Versammlung im Voraus eine besondere Anordnung in Bezug auf ein bestimmtes Thema erlässt, dass zu einem bestimmten Zeitpunkt jede Debatte darüber eingestellt werden soll. und alle diesbezüglich anhängigen Anträge oder Fragen werden entschieden.

222 . Eine andere Regel, die kürzlich eingeführt wurde, um die Debatte zu verkürzen statt sie zu stoppen, besagt, dass es keinem Mitglied gestattet sein darf, länger als eine bestimmte festgelegte Zeit zu einer Frage zu sprechen. so dass nach Ablauf der vorgesehenen Zeit der Vorsitzende die Tatsache verkündet und das sprechende Mitglied seinen Platz wieder einnimmt. 30

ABSCHN. V. ZUM ANSTAND IN DER DEBATTE.

223 . Jedes Mitglied, das das Recht hat, gehört zu werden, und jedes andere Mitglied ist verpflichtet, sich so zu verhalten, dass dieses Recht wirksam ist. Daher ist es sowohl eine Regel der Ordnung als auch des Anstands, dass kein Mitglied einen anderen in seiner Rede durch Zischen, Husten oder Spucken stören darf; durch Sprechen oder Flüstern; indem zwischen dem Vorsitzenden und dem sprechenden Mitglied gewechselt wird; indem man durch den Versammlungsraum geht oder darin auf und ab geht; oder durch ein anderes ungeordnetes Verhalten, das dazu neigt, ein sprechendes Mitglied zu stören oder zu verunsichern.

224 . Wenn jedoch ein sprechendes Mitglied feststellt, dass ihm nicht die respektvolle Aufmerksamkeit entgegengebracht wird, die sein gleiches Recht erfordert, dass die Versammlung nicht geneigt ist, ihm zuzuhören, und dass sie sich darum bemüht, durch Gespräche oder andere Geräusche zu hören seine Stimme übertönen – es ist seine klügste Vorgehensweise, sich dem Vergnügen der Versammlung zu unterwerfen und sich zu setzen; denn es kommt kaum vor, dass sich die Mitglieder der Versammlung ohne irgendeine Entschuldigung oder Provokation dieser Unanständigkeit schuldig machen oder dass sie jemandem gegenüber, der etwas sagt, was es wert ist, gehört zu werden, so .

225 . In einem solchen Fall ist es die Pflicht des Vorsitzenden, sich darum zu bemühen, die Versammlung in Ordnung und Anstand zu bringen; aber wenn sich seine wiederholten Ordnungsrufe und seine Appelle an die Vernunft und den Anstand der Mitglieder als wirkungslos erweisen, wird es zu seiner Pflicht, jedes Mitglied beim Namen zu nennen, das hartnäckig in der Unregelmäßigkeit verharrt; woraufhin die Versammlung von diesem Mitglied

den Rücktritt verlangen kann; Wer soll dann, wenn er es wünscht, zur Entschuldigung gehört werden und sich zurückziehen? Anschließend erklärt der Vorsitzende die begangene Straftat und die Versammlung berät über Art und Ausmaß der zu verhängenden Strafe.

226 . Wenn der Vorsitzende bei wiederholten Verhandlungen feststellt, dass die Versammlung ihn bei der Ausübung seiner Autorität nicht unterstützen wird, ist er, aber erst dann, berechtigt, jede Art von Unruhe ohne Tadel zuzulassen.

SEKTE. VI. WAS UNGEORDNETE WÖRTER BETRIFFT.

227 . Wenn ein Mitglied beim Sprechen eine Sprache verwendet, die einen anderen persönlich beleidigt oder die Versammlung beleidigt, und das irgendein anderer es für angebracht hält, sich darüber bei der Versammlung zu beschweren, ist der Kurs Der Ablauf des Verfahrens ist wie folgt:

228 . Das sprechende Mitglied wird im Verlauf seiner Rede sofort dadurch unterbrochen, dass ein oder mehrere andere Mitglieder aufstehen und zur Ordnung rufen; und das Mitglied, das Einwände gegen die Worte erhebt oder sich darüber beschwert, wird dann vom vorsitzenden Beamten aufgefordert, die Worte anzugeben, über die er sich beschwert, und sie genau so zu wiederholen, wie er sie für ausgesprochen hält, damit sie auf sie reduziert werden können Schreiben durch den Sachbearbeiter; oder das Mitglied, das sich beschwert, ohne dazu aufgefordert zu werden, kann sofort dazu übergehen, die Worte entweder mündlich oder schriftlich darzulegen und zu verlangen, dass der Gerichtsschreiber sie am Tisch niederschreibt. Der vorsitzende Beamte kann dann den Sachbearbeiter anweisen, sie abzunehmen; Hält er den Einwand jedoch für trivial und meint, es gäbe keinen Grund dafür, sie für ungeordnet zu halten, wird er klugerweise die Erteilung solcher Anweisungen verzögern, um das Verfahren nicht unnötig zu unterbrechen; Wenn die Mitglieder jedoch im Allgemeinen dafür zu sein scheinen, die Worte niederzuschreiben, sei es durch einen entsprechenden Aufruf oder durch eine Abstimmung, die die Versammlung zweifellos annehmen kann, , sollte der Vorsitzende auf jeden Fall dem Gerichtsschreiber befehlen, dies zu tun sie niederzuschreiben, und zwar in der Form und Weise, in der sie von dem Mitglied dargelegt werden, das Einwände erhebt.

229 . Die Worte, gegen deren Niederschrift Einspruch erhoben wurde und die einen Teil des Protokolls im Buch des Gerichtsschreibers bilden, sind als nächstes dem Mitglied vorzulesen, das gesprochen hat. Dieses kann leugnen, dass es sich dabei um die Worte handelt, die er gesprochen hat. In diesem Fall gilt: Die Versammlung muss durch eine Frage entscheiden, ob es sich dabei um Worte handelt oder nicht. 31 Wenn er nicht bestreitet, dass er diese Worte gesprochen hat, oder wenn die Versammlung selbst festgelegt hat, um

welche Worte es sich handelt, kann das Mitglied sie entweder rechtfertigen oder den Sinn erklären, in dem er sie verwendet hat, um die Worte zu entfernen Einwand ihrer Unordnung; oder er kann sich für sie entschuldigen.

230 . Wenn die Versammlung die Begründung, Erklärung oder Entschuldigung des Mitglieds für ausreichend hält, ist kein weiteres Verfahren erforderlich. Das Mitglied kann seine Rede fortsetzen und fortsetzen, wobei davon ausgegangen wird, dass die Versammlung sofern kein weiterer Antrag gestellt wird. Wenn jedoch zwei Mitglieder (eines, das den Antrag stellt und das andere, das ihn unterstützt), es für notwendig erachten, eine Frage zu stellen, um den Sinn der Versammlung in den Worten zu erkennen, und ob sich das Mitglied bei der Verwendung dieser Worte einer Sache schuldig gemacht hat Verstößt das Mitglied gegen die Versammlung, muss es sich zurückziehen, bevor die Frage gestellt wird. und dann muss der Sinn der Versammlung erfasst werden und es müssen weitere Verfahren im Zusammenhang mit der Bestrafung des Mitglieds eingeleitet werden, die als notwendig und angemessen erachtet werden können.

231 . Das Obige ist die Vorgehensweise, die von den Autoren mit der größten Autorität festgelegt wurde 32 und die ausnahmslos weiterverfolgt werden sollte; Es könnte jedoch verbessert werden, indem das Mitglied, das Einwände gegen Worte hat, sie sofort aufschreibt und daraufhin beantragt, sie in das Protokoll aufzunehmen; Auf diese Weise würde der Vorsitzende von der Verantwortung entbunden, in erster Linie über den Charakter der Worte zu entscheiden.

232 . Wenn beleidigende Worte zu dem Zeitpunkt, zu dem sie gesprochen werden, nicht zur Wenn die Worte, die Anstoß erregten, weggenommen werden, dürfen die Worte nicht niedergeschrieben werden, oder das Mitglied, das sie verwendet, wird getadelt. Diese Regel dient der gemeinsamen Sicherheit aller Mitglieder; und um die Fehler zu verhindern, die zwangsläufig passieren müssen, wenn beanstandete Worte nicht sofort niedergeschrieben werden.

---

25 Eine Ausnahme von dieser Regel wird manchmal zugunsten des Antragstellers gemacht, der am Ende der Debatte auf die gegen seinen Antrag vorgebrachten Argumente antworten darf; aber das ist eine Frage der Gunst und Nachsicht und nicht des Rechts. *Zurück zum Text*

26 Manchmal fährt ein Mitglied, anstatt seinen Antrag vorzuschlagen, zunächst mit seiner Rede fort; aber in einem solchen Fall ist es wahrscheinlich, dass er zur Ordnung gebracht wird, es sei denn, er erklärt, dass er beabsichtigt, mit einem Antrag abzuschließen, und

teilt der Versammlung mit, um welchen Antrag es sich handelt, und dann kann ihm gestattet werden, fortzufahren. *Zurück zum Text*

27 In gesetzgebenden Körperschaften ist es üblich, vorzusehen, dass bestimmte Fragen, wie zum Beispiel die Vertagung, das Zurücklegen der vorherigen Frage oder die Geschäftsordnung, ohne Debatte entschieden werden. *Zurück zum Text*

28 „Im letzteren Fall wird das Mitglied aufstehen und sich an den Vorsitzenden wenden und sagen: ‚Ich erhebe eine Frage zur Geschäftsordnung.‘ Auf Verlangen des Vorsitzenden wird der Vorsitzende angeben, wogegen er Einwände erhebt. Wenn der Vorsitzende feststellt, dass das Mitglied in seinen Bemerkungen unrichtig ist und keine Berufung gegen die Entscheidung eingelegt wird, wird er die verurteilte Bemerkung aufgeben und, falls zulässig, in der richtigen Reihenfolge fortfahren.

„Sollte Berufung eingelegt werden, wird ohne Debatte darüber entschieden." – ED. *Zurück zum Text*

29 Der Antragsteller und der Stellvertreter haben das gleiche Recht, zusammen mit anderen Mitgliedern das Wort vor der Versammlung zu äußern, wenn sie zum Zeitpunkt der Stellung und Unterstützung des Antrags nicht auf die Frage eingehen. *Zurück zum Text*

30 „Seit sich die irische Parlamentarische Partei im britischen Unterhaus als stark genug erwiesen hat, mit der Opposition zu kämpfen, indem sie alle Gesetzesentwürfe blockierte, um Irland eine ‚Home Rule‘ zu verschaffen, herrschte nichts als Aufruhr über jeden vorgeschlagenen Gesetzentwurf; Um dies zu verhindern, verabschiedete die „Regierungspartei" eine Regel, die immer dann zur Anwendung kam, wenn die Behinderung oder Debatte zu weit ging; dies wurde „Cloture" genannt. Es wird als ‚Gag‘-Gesetz verwendet, denn wenn ‚Cloture‘ bewegt wird, wird jedes Ding oder jede Bewegung der Bewegung untergeordnet, für die ‚Cloture‘ angewendet wurde." – ED.

– Siehe auch Hinweis auf Seite 163 . *Zurück zum Text*

31 Die niedergeschriebenen Worte können geändert werden, um sie an das anzupassen, was die Versammlung für die Wahrheit hält. *Zurück zum Text*

32 Mr. Hatsell in England und Mr. Jefferson in diesem Land. *Zurück zum Text*

33 Herr Jefferson (§ 17) legt fest, dass „unordnungsgemäße Worte
nicht bemerkt werden dürfen, bis das Mitglied seine Rede beendet
hat." Aber darin widerspricht er sowohl Hatsell als auch der
allgemeinen Praxis gesetzgebender Körperschaften. *Zurück zum
Text*

KAPITEL XIII.
DER FRAGE.

233 . Wenn einer beratenden Versammlung ein Vorschlag unterbreitet wird, nennt man ihn einen *Antrag* ; Wenn es der Versammlung zur Annahme oder Ablehnung vorgelegt oder vorgelegt wird, wird es als *Frage bezeichnet* ; und wenn angenommen wird, wird es zur *Anordnung* , *zum Beschluss* oder *zur Abstimmung* der Versammlung.

234 . Alle bisher betrachteten Verfahren hatten nur zum Ziel, einen Vorschlag in eine Form zu bringen, die der Frage vorgelegt werden sollte; das heißt, als Sinn, Wille oder Urteil der Versammlung angenommen oder abgelehnt werden; Je nachdem, ob sich herausstellt, dass ein solcher Vorschlag zu seinen Gunsten stimmt oder dass er die Mehrheit der Mitglieder nicht vereinen kann.

235 . Wenn ein Vorschlag, ob Haupt-, Neben- oder Nebensatz, oder welcher Art auch immer, gemacht, unterstützt und dargelegt wird, wenn keine Änderung vorgeschlagen wird – oder wenn er keine zulässt oder wenn er geändert wird – und Die Debatte darüber, falls überhaupt, scheint abgeschlossen zu sein. Der Vorsitzende fragt dann, ob die Versammlung für die Frage bereit sei. und wenn sich niemand erhebt, wird die Frage gestellt und die Versammlung stimmt darüber ab.

236 . Die Frage wird der Versammlung nicht immer in der genauen Form gestellt, in der sie gestellt oder gestellt wird; Wenn also beispielsweise ein Mitglied eine Petition vorlegt oder der Vorsitzende eines Ausschusses einen Bericht vorlegt, stellt sich, wenn kein Antrag gestellt wird, die die *Petition oder der Bericht entgegengenommen werden?* Wenn also die vorherige Frage verschoben wird, wird sie in dieser Form angegeben: *Soll die Hauptfrage jetzt gestellt werden?* – Die Frage ist in jedem Fall in der Form zu stellen, in der sie im Journal erscheinen wird, wenn sie positiv ausfällt.

237 . In Angelegenheiten von unbedeutender Bedeutung oder die im Allgemeinen selbstverständlich sind, wie z. B. die Entgegennahme von Petitionen und Berichten, das Zurückziehen von Anträgen, das Verlesen von Papieren usw., geht der Vorsitzende meist von der Zustimmung der Versammlung aus oder hält sie für gegeben, wenn keine Einwände erhoben werden und verzichtet auf die Formalität, die Frage durch Abstimmung zu behandeln. Wenn aber nach einer auf diesem informellen Weg erfolgten und erklärten Abstimmung ein Mitglied Einspruch erhebt, sollte der Vorsitzende alles, was geschehen ist, als nichts betrachten und sofort zurückgehen und den regulären Ablauf des Verfahrens fortsetzen. Wenn also eine Petition ohne Frage eingeht und der Gerichtsschreiber sie verliest, ist es für den

vorsitzenden Beamten die sicherste und angemessenste Vorgehensweise, wenn sich jemand erhebt und Einspruch erhebt verlangen ein Antrag gestellt und unterstützt wird

238 . Nachdem der vorsitzende Beamte die Frage gestellt hat, bejaht er sie zunächst, nämlich: „ *So viele, die der Meinung sind, dass sie* – indem sie den Wortlaut der Frage wiederholen – *„Ja" sagen* ; und sofort antworten alle Mitglieder, die dieser Meinung sind, mit „Ja" ; Der Vorsitzende stellt die Frage dann negativ: *Wer anderer Meinung ist, sagt nein* ; und daraufhin antworten alle Mitglieder, die dieser Meinung sind, *mit Nein* . Der Vorsitzende beurteilt anhand seines Gehörs, welche Seite „die meisten Stimmen" hat, und entscheidet dementsprechend, ob *die „Ja"* - oder die „Nein "-Seite *stimmt* . Wenn der Vorsitzende Zweifel an der Mehrheit der Stimmen hat, kann er die Frage ein zweites Mal stellen, und wenn er immer noch nicht in der Lage ist, eine Entscheidung zu treffen, oder wenn, nachdem er nach seinem Urteil entschieden hat, sich ein Mitglied erhebt und erklärt, dass es glaubt Die *Ja*- oder *Nein-Stimmen* (was auch immer es sein mag) *haben es* , entgegen der Erklärung des Vorsitzenden 34 , dann weist der Vorsitzende die Versammlung an, sich zu spalten, damit die Mitglieder auf einer Seite sind und der andere kann gezählt werden.

239 . Sollte jedoch nach der Erklärung des Vorsitzenden ein neuer Antrag gestellt werden oder ein Mitglied eintreten, das zum Zeitpunkt der Beantwortung der Frage nicht im Sitzungssaal war, ist es zu spät, dem zu widersprechen den Vorsitzenden und lassen Sie die Versammlung spalten.

240 . Das Obige ist die parlamentarische Form der Beantwortung einer Frage und wird in diesem Land allgemein verwendet; aber in einigen unserer gesetzgebenden Versammlungen, und besonders in denen der Neuenglandstaaten, werden die Stimmrechte von den Mitgliedern vergeben, die ihre rechte Hand halten, zuerst diejenigen, die die Frage bejahen, dann diejenigen, die die Frage verneinen. Wenn der Vorsitzende nicht durch Handzeichen feststellen kann, welche Seite die Mehrheit hat, kann er die Mitglieder erneut zur Abstimmung auffordern, und wenn er immer noch Zweifel hat oder seine Erklärung in Frage gestellt wird, findet eine Teilung statt. Wenn die Frage auf diese Weise beantwortet wird, weist der Vorsitzende die Mitglieder an, zunächst die bejahende und dann die verneinende Seite zu vertreten und ihre Meinung durch das Hochhalten der rechten Hand zum Ausdruck zu bringen.

241 . Wenn eine Teilung der Versammlung stattfindet, weist der Vorsitzende manchmal die Mitglieder an, sich auf verschiedenen Seiten des Versammlungsraums aufzustellen, und zählt sie entweder selbst oder sie werden von von ihm zu diesem Zweck ernannten Zählern oder von Überwachern gezählt zu diesem und anderen Zwecken dauerhaft ernannt

werden; oder die Mitglieder erheben sich von ihren Plätzen, zuerst bei der Bejahung und dann bei der Verneinung, und werden (ohne Deckung stehend) auf die gleiche Weise gezählt. Wenn die Mitglieder durch den Vorsitzenden gezählt werden, gibt er die Zahlen bekannt und gibt das Ergebnis bekannt. Wenn sie durch Kassierer oder Überwacher gezählt werden, müssen sich die Kassierer zunächst untereinander einigen, und dann meldet derjenige, der die Mehrheit ausgezählt hat, die Zahlen dem Vorsitzenden, der daraufhin das Ergebnis verkündet.

242 . Die beste Art und Weise, eine Versammlung, die überhaupt zahlreich ist, aufzuteilen, besteht darin, dass der vorsitzende Beamte Stimmenzähler für jede Abteilung oder jeden Abschnitt des Versammlungsraums ernennt und dann die Mitglieder dazu auffordert, zuerst diejenigen, die zustimmen, und dann diejenigen, die zustimmen das Negative, sich zu erheben, unbedeckt zu stehen und gezählt zu werden; Nachdem dies geschehen ist, geben auf jeder Seite die Kassierer der verschiedenen Divisionen ihre Erklärungen ab, und der vorsitzende Offizier verkündet das Ergebnis.

243 . Wenn die Mitgliederzahl gleichmäßig verteilt ist, kann der Vorsitzende, wenn er möchte, den Ausschlag geben; Er kann aber auch von der Abstimmung absehen, wenn er dies wünscht. In diesem Fall ist der Antrag nicht maßgebend und die Entscheidung fällt negativ aus.

244 . Als allgemeine Regel gilt, dass jedes Mitglied, das sich zum Zeitpunkt der Fragestellung im Sitzungssaal aufhält, nicht nur stimmberechtigt, sondern auch verpflichtet ist; und andererseits, dass kein Mitglied abstimmen kann, das zu diesem Zeitpunkt nicht im Saal war.

245 . Die einzige andere Form der Fragestellung, die beschrieben werden muss, ist die in diesem Land allgemein gebräuchliche, bei der die Namen der abstimmenden Mitglieder auf der einen und auf der anderen Seite ermittelt und in das Journal eingetragen werden die Versammlung. Dieser Modus, der den gesetzgebenden Körperschaften der Vereinigten Staaten eigen ist, wird als Beantwortung der Fragen durch Ja und Nein bezeichnet. Um eine Frage auf diese Weise zu beantworten, wird von beiden Seiten gleichzeitig gesagt, nämlich: „ *So viele, die der Meinung sind, dass usw., wenn ihre Namen aufgerufen werden, mit Ja antworten werden* ;" Und *so viele, die einer anderen Meinung sind, ihre Namen genannt werden, mit* „*Nein*" *antworten* ; Dann wird die Liste der Versammlung vom Protokollanten aufgerufen, und jedes Mitglied, wie sein Name genannt wird, erhebt sich an seiner Stelle und antwortet mit „ *Ja* " oder „*Nein*" , und der Protokollant notiert die Antwort, während die Liste aufgerufen wird. Wenn die Liste durchgegangen ist, liest der Sachbearbeiter zuerst die Namen derjenigen vor, die mit „Ja" geantwortet haben, und dann die Namen derjenigen, die mit „Nein" geantwortet haben, damit er feststellen kann, ob ihm beim Notieren der Antwort ein Fehler unterlaufen ist oder

Wenn einem Mitglied in seiner Antwort ein Fehler unterlaufen ist, kann dieser Fehler korrigiert werden. Nachdem die Namen auf diese Weise vorgelesen und etwaige Fehler korrigiert wurden, zählt der Schreiber die Zahlen auf jeder Seite und meldet sie dem Vorsitzenden, der das Ergebnis der Versammlung mitteilt.

246 . Das Folgende ist die im Repräsentantenhaus von Massachusetts (dem bei weitem zahlreichsten aller gesetzgebenden Körperschaften dieses Landes) praktizierte Art, eine Frage mit Ja und Nein zu beantworten. Die Namen der Mitglieder werden auf ein Blatt gedruckt, der Angestellte ruft sie in ihrer Reihenfolge auf; und während jeder antwortet, platziert der Schreiber (der gleichzeitig dem Mitglied antwortet rechts neben dem Namen eine Zahl mit Bleistift, die die Nummer der Antwort angibt, je nachdem, wie die Antwort lautet ja oder nein; so dass die letzte Ziffer oder Zahl auf jeder Seite die Nummer der Antworten auf dieser Seite anzeigt; und die beiden letzten Zahlen oder Ziffern stellen die jeweiligen Zahlen der Bejahenden und Verneinenden auf der Division dar. So setzt der Sachbearbeiter links neben den Namen des Mitglieds, das zuerst mit „ *Ja* " *antwortet* , eine Zahl 1; Zur Rechten des ersten Mitglieds, das mit *Nein antwortet* , platziert er außerdem eine Zahl 1; das zweite Mitglied, das mit „*Ja*" *antwortet,* erhält die Note 2; und so weiter bis zum Ende der Liste; die Seite des Namens, auf der die Zahl steht, die angibt, ob die Antwort „ *Ja* " oder „*Nein*" *ist* , und die Zahl, die die Nummer der Antwort auf dieser Seite angibt. Die Bejahungen und Verneinungen werden dann bei Bedarf getrennt gelesen, obwohl dies normalerweise weggelassen wird, und der Schreiber ist dann bereit, anhand der letzten Ziffer auf jeder Seite dem Sprecher die Zahlen zu geben, damit diese dem Haus bekannt gegeben werden. Die Namen und Antworten werden anschließend im Tagebuch festgehalten.

247 . In jeder der Arten, eine Frage zu stellen, bei der sie zuerst auf die eine und dann auf die andere Seite gestellt wird keine vollständige Frage, bis sowohl das Negative als auch das Bejahende gestellt wurde. Bis zur Verneinung ist es daher jedem Mitglied gestattet, sich zu erheben und zu sprechen, Änderungsanträge oder Ähnliches zu stellen und so die Debatte wiederaufzunehmen, als ob die Spaltung noch nicht begonnen hätte; und zwar unabhängig davon, ob sich dieses Mitglied im Versammlungsraum befand oder nicht, als die Frage gestellt und teilweise angenommen wurde. In einem solchen Fall muss die Frage sowohl auf der bejahenden als auch auf der negativen Seite erneut gestellt werden; aus dem Grund, dass Mitglieder, die nicht im Versammlungsraum waren, als die Frage zum ersten Mal gestellt wurde, möglicherweise inzwischen hereingekommen sind, und auch, dass einige derjenigen, die abgestimmt haben, inzwischen ihre Meinung geändert haben könnten. Wenn eine Frage mit „Ja" und „Nein" beantwortet wird und sowohl die Verneinung als auch die Bejahung der Frage geäußert wird und

die Abstimmung auf beiden Seiten gleichzeitig beginnt und fortschreitet, kann die Frage nicht eröffnet und die Debatte danach nicht erneuert werden Die Abstimmung hat begonnen.

248 . Wenn in einer Geschäftsordnungsfrage eine Frage aufkommt, beispielsweise zum Stimmrecht oder zur Stimmpflicht eines Mitglieds während einer Sitzung, muss der Vorsitzende dies zwingend entscheiden, vorbehaltlich der Revision und Korrektur der Versammlung, nachdem die Teilung beendet ist. In einem solchen Fall kann es keine Debatte geben, der Vorsitzende kann jedoch, wenn er möchte, die Unterstützung der Mitglieder bei ihren Ratschlägen in Anspruch nehmen, die sie in der Sitzung geben müssen, um auch nur den Anschein einer Debatte zu vermeiden; dies kann jedoch nur mit Genehmigung des Vorsitzenden geschehen, da sonst die Teilung auf eine unbequeme Länge ausgedehnt werden könnte; Es kann auch keine Frage gestellt werden, denn sonst könnte es zu einer Spaltung nach der anderen ohne Ende kommen.

249 . Wenn sich aus der Zählung der Versammlung nach einer Teilung ergibt, dass kein Quorum vorhanden ist, gibt es keine Entscheidung; aber die betreffende Angelegenheit bleibt in demselben Zustand bestehen, in dem sie sich vor der Teilung befand; und wenn es später wieder aufgenommen wird, sei es am selben oder an einem späteren Tag, muss es genau an diesem Punkt aufgenommen werden.

---

34 Der gebräuchlichste Ausdruck ist: „Ich bezweifle die Abstimmung“ oder „Diese Abstimmung wird angezweifelt.“ *Zurück zum Text*

KAPITEL XIV.
DER ÜBERLEGENHEIT.

250 . Es ist ein Grundsatz des parlamentarischen Rechts, auf dem viele der zuvor genannten Regeln und Verfahren basieren, dass, wenn eine Frage einmal einer beratenden Versammlung vorgelegt und dort entschieden wurde, ob positiv oder negativ, diese Entscheidung das Urteil von ist der Versammlung und kann nicht erneut in Frage gestellt werden.

251 . Dieser Grundsatz gilt gleichermaßen, obwohl es sich bei der vorgeschlagenen Frage nicht um dieselbe Frage handelt, die bereits entschieden wurde, sondern nur um deren Äquivalent; Wenn zum Beispiel die Verneinung einer Frage auf die Bejahung der anderen hinausläuft und keine andere Alternative übrig bleibt, sind diese Fragen äquivalent zueinander, und eine Entscheidung der einen schließt notwendigerweise die andere ab.

252 . Eine übliche Anwendung der Regel auf äquivalente Fragen erfolgt im Falle eines Änderungsvorschlags durch Streichung von Wörtern; in der es die unveränderliche Praxis , das Negative des Streichens als gleichbedeutend mit dem Affirmativ des Zustimmens zu betrachten; Wenn also eine Frage nach der Zustimmung nach einer Frage nach der Streichung ihrer Verneinung gestellt würde, hieße das im Grunde, dieselbe Frage noch einmal zu stellen.

253 . Der oben genannte Grundsatz gilt nicht, um zu verhindern, dass in den verschiedenen Phasen eines Verfahrens dieselbe Frage gestellt wird; wie zum Beispiel in gesetzgebenden Körperschaften die verschiedenen Phasen eines Gesetzentwurfs; so können bei der Prüfung von Berichten von Ausschüssen Fragen, die bereits vor der Befassung mit dem Thema gestellt und entschieden wurden, erneut vorgeschlagen werden; und in gleicher Weise können Anordnungen der Versammlung und Anweisungen oder Hinweise an Ausschüsse aufgehoben oder aufgehoben werden.

254 . Die Unbequemlichkeit dieser Regel, die im britischen Parlament immer noch in ihrer ganzen Strenge aufrechterhalten wird (obwohl dort auf verschiedene Mittel zurückgegriffen wird, um ihr entgegenzuwirken oder sie zu umgehen), 35 hat zur Einführung in die parlamentarische Praxis geführt dieses Landes des Antrags auf *erneute Prüfung* ; die, obwohl sie die Regel in ihrer ganzen alten Strenge anerkennt und aufrechterhält, es einer beratenden Versammlung aus ausreichenden Gründen ermöglicht, sich von den Peinlichkeiten und Unannehmlichkeiten zu befreien, die gelegentlich aus einer strikten Durchsetzung der Regel in einem bestimmten Fall resultieren würden.

255 . Mittlerweile ist es in allen unseren beratenden Versammlungen gängige Praxis und kann daher als Grundsatz des allgemeinen Parlamentsrechts dieses Landes angesehen werden, eine bereits erfolgte Abstimmung, ob positiv oder negativ, noch einmal zu prüfen.

256 . Zu diesem Zweck wird in üblicher Weise ein Antrag gestellt und unterstützt, dass eine solche Abstimmung noch einmal geprüft wird; und wenn dieser Antrag obsiegt, steht die Angelegenheit der Versammlung in genau demselben Zustand und Zustand vor, und es müssen dieselben Fragen in Bezug darauf gestellt werden, als ob die erneute Abstimmung nie stattgefunden hätte. Wenn also ein Änderungsantrag durch Einfügen von Wörtern eingereicht und abgelehnt wird, kann derselbe Änderungsantrag nicht noch einmal eingereicht werden; aber die Versammlung kann die Abstimmung, durch die sie abgelehnt wurde, noch einmal überdenken, und dann wird die gestellt, genau so, als ob die vorherige Abstimmung nie stattgefunden hätte.

257 . In gesetzgebenden Körperschaften ist es üblich, durch eine Sonderregel den Zeitpunkt, die Art und Weise und von wem ein Antrag auf erneute Prüfung gestellt werden kann; so zum Beispiel, dass sie nur am selben oder einem darauffolgenden Tag erfolgen darf – von einem Mitglied, das mit der Mehrheit gestimmt hat – oder zu einem Zeitpunkt, an dem genauso viele Mitglieder anwesend sind wie bei der Abstimmung; Wenn es jedoch keine besondere Regelung zu diesem Thema gibt, muss ein Antrag auf erneute Prüfung im gleichen Licht wie jeder andere Antrag betrachtet werden und darf keinen anderen Regeln unterliegen.

---

35 „Das englische Parlament hält strikt an dem Grundsatz fest, dass, wenn über eine Angelegenheit einmal entschieden wurde, sei es positiv oder negativ, die Entscheidung dauerhaft dem Parlament obliegt. Um die manchmal auftretenden Unannehmlichkeiten zu beheben, greift sie auf verschiedene Hilfsmittel zurück; B. durch die Verabschiedung einer erläuternden Handlung oder einer Handlung zur Berichtigung von Fehlern in einer Handlung usw."
– ED. *Zurück zum Text*

Kapitel XV.
DER AUSSCHÜSSE.

SEKTE. I. IHRE NATUR UND FUNKTIONEN.

258 . In allen beratenden Versammlungen ist es üblich, die vorbereitenden Maßnahmen (manchmal auch Zwischenmaßnahmen) zu ergreifen und die in der Versammlung zu behandelnden Angelegenheiten mithilfe von Ausschüssen vorzubereiten, die sich jeweils aus speziell für den jeweiligen Anlass oder im Voraus für alle Angelegenheiten gleicher Art ernannt werden.

259 . Ausschüsse der ersten Art werden üblicherweise *„auserwählt" genannt* , die anderen „ *ständig"* ; obwohl die frühere Bezeichnung gleichermaßen für beide gilt, um sie von einer anderen Form eines Ausschusses zu unterscheiden, der entweder für einen bestimmten Anlass oder für alle Fälle einer bestimmten Art gebildet wird und sich aus allen Mitgliedern der Versammlung zusammensetzt, und deshalb benannte man einen *Ausschuss des Ganzen* .

260 . Die Vorteile dieser Vorgehensweise sind vielfältig. Es ermöglicht einer beratenden Versammlung, viele Dinge zu tun, zu denen sie aufgrund ihrer Zahl andernfalls nicht in der Lage wäre; – durch die Aufteilung unter den Mitgliedern eine viel größere Menge an Geschäften zu erledigen, als dies möglicherweise möglich wäre, wenn die Die gesamte Körperschaft war verpflichtet, sich jedem einzelnen Thema zu widmen – und in den vorbereitenden und vorbereitenden Schritten mit einem größeren Freiheitsgrad zu handeln, als es mit den Vorgehensweisen vereinbar ist, die normalerweise in Vollversammlungen beobachtet werden.

261 . Ausschüsse werden ernannt, um ein bestimmtes Thema entweder im Großen und Ganzen oder im Rahmen besonderer Weisungen zu behandeln: um Informationen in Bezug auf eine Angelegenheit vor der Versammlung einzuholen, entweder durch persönliche Befragung und Inspektion oder durch die Befragung von Zeugen; und alle Resolutionen, Abstimmungen, Anordnungen und anderen Dokumente, die ihnen vorgelegt werden könnten, zu verarbeiten und für die Annahme durch die Versammlung in die richtige Form zu bringen. Ausschüsse gelten gemeinhin als „Augen und Ohren" der Versammlung; es ist ebenso wahr, dass sie für bestimmte Zwecke auch sein „Kopf und seine Hände" sind.

262 . Die Befugnisse und Funktionen der Ausschüsse hängen hauptsächlich von der allgemeinen Autorität und den besonderen Anweisungen ab, die ihnen die Versammlung zum Zeitpunkt ihrer Ernennung erteilt; Sie können aber auch, und das geschieht sehr oft, während der Ausübung ihrer Aufgaben weiter unterwiesen werden; und manchmal kommt es sogar vor, dass diese

zusätzlichen Anweisungen die Natur eines Ausschusses völlig verändern, indem sie ihn mit ganz anderen Untersuchungen beauftragen als denen, für die er ursprünglich eingerichtet wurde.

ABSCHN. II. IHRE ERNENNUNG.

263 . Bei der Ernennung von Ausschüssen gibt es keinen Unterschied zwischen ständigen Ausschüssen und anderen Sonderausschüssen, was die Art und Weise der Auswahl der Mitglieder betrifft, aus denen sie bestehen. und was die Gesamtausschüsse anbelangt, so werden die Mitglieder, da es keine Auswahl der Mitglieder gibt, einfach auf Beschluss der Versammlung ernannt.

264 . Bei der Ernennung ausgewählter Ausschüsse muss zunächst die Anzahl festgelegt werden. Dies geschieht in der Regel auf die gleiche Weise, wie Lücken ausgefüllt werden, nämlich dadurch, dass die Mitglieder ohne die Formalität eines Antrags die von ihnen gewünschten Mitglieder vorschlagen, die dann getrennt der Frage vorgelegt werden, beginnend mit dem größten und regelmäßig bis zu der kleinste, bis die Versammlung zu einer Abstimmung kommt.

265 . Nachdem die Zahl festgelegt wurde, gibt es drei Möglichkeiten, die Mitglieder auszuwählen: durch die Ernennung des Vorsitzenden, durch Stimmzettel und durch Nominierung und Abstimmung durch die Versammlung; die erste, manchmal aufgrund einer ständigen Regel, manchmal aufgrund einer Abstimmung der Versammlung in einem bestimmten Fall; der zweite immer im Anschluss an eine Abstimmung; Letzteres ist der übliche Weg, bei dem keine Abstimmung stattfindet.

266 . In beratenden Versammlungen, deren Sitzungen eine beträchtliche Länge haben, ist es als gesetzgebende Körperschaft üblich, in einer ständigen Regelung vorzusehen, dass alle Ausschüsse, sofern im Einzelfall nichts anderes angeordnet wird, vom Vorsitzenden benannt werden. Wenn dies der Fall ist, benennt der Vorsitzende bei jeder Bestellung eines Ausschusses und der Festlegung der Anzahl sofort die Mitglieder, aus denen sich der Ausschuss zusammensetzt. Manchmal legt die Regel auch die Anzahl fest, aus der die Ausschüsse bestehen sollen, sofern nichts anderes angeordnet ist. Auf diese Art der Einsetzung eines Ausschusses wird häufig zurückgegriffen, wenn es keine Regelung zu diesem Thema gibt.

267 . Wenn die Ernennung eines Ausschusses durch Abstimmung angeordnet wird, werden die Mitglieder von der Versammlung entweder einzeln oder insgesamt, je nach Anordnung, in der gleichen Weise gewählt, wie andere Wahlen durchgeführt werden; und bei solchen Wahlen, wie auch in anderen Fällen der Wahl der Amtsträger der Versammlung, ist für eine Wahl die Mehrheit aller abgegebenen Stimmen erforderlich.

268 . Wenn ein Ausschuss durch Nominierung und Abstimmung ernannt werden soll, werden die Namen der vorgeschlagenen Mitglieder einzeln zur Frage gestellt und von der Versammlung durch eine Abstimmung auf die übliche Weise genehmigt oder abgelehnt. Wenn die Nominierung durch den Vorsitzenden angeordnet wird, kann er die Namen auf die gleiche Weise oder alle auf einmal vorschlagen; die erste Art ist die direkteste und einfachste; Letzteres ermöglicht es der Versammlung, verständnisvoller über die verschiedenen vorgeschlagenen Namen abzustimmen. Wenn die Nominierung auf breiter Ebene erfolgen soll, ruft der Vorsitzende die Versammlung zur Nominierung auf, und wenn die Namen entsprechend genannt werden, stellt er den ersten Namen zur Abstimmung, den er hört.

269 . Es ist auch eine umfassende Art, einen Ausschuss zu ernennen, um einen Ausschuss wiederzubeleben, der sich bereits durch einen Bericht entlassen hat; oder indem man einem für einen bestimmten Zweck eingesetzten Ausschuss eine zusätzliche Aufgabe gleicher oder anderer Art auferlegt.

270 . Was die Ernennung von Ausschüssen betrifft, so gilt in gesetzgebenden Körperschaften, soweit es die Auswahl der Mitglieder betrifft, die allgemeine Regel, dass bei der Vorlage eines Gesetzentwurfs niemand vertreten sein darf, der direkt gegen das Gremium des Ausschusses spricht das Komitee aus dem Grund, dass derjenige, der es völlig zerstören will, sich nicht ändern wird; , aber aus dem gegenteiligen Grund sollen diejenigen dem Ausschuss angehören, die nur Ausnahmen zu einigen Einzelheiten des Gesetzentwurfs akzeptieren. Diese Regel geht davon aus, dass der Zweck der Verpflichtung nicht darin besteht, die allgemeinen Vorzüge des Gesetzentwurfs zu prüfen, sondern ihn in seinen besonderen Bestimmungen zu ändern, um ihn für die Versammlung akzeptabel zu machen.

271 . Diese Regel dient natürlich nur der Orientierung des Vorsitzenden und der Mitglieder bei der Ausübung ihres Ermessens; da die Versammlung die Entlassung aus dem Amt verweigern oder selbst Personen in einen Ausschuss ernennen kann, die gegen das vorgelegte Thema sind. Es ist jedoch in allen beratenden Versammlungen üblich, einen Ausschuss aus solchen Personen zu bilden (wobei der Urheber und Unterstützer einer Maßnahme selbstverständlich ernannt wird), von denen zumindest die Mehrheit der vorgeschlagenen Maßnahme positiv gegenübersteht. 36

272 . Wenn ein Ausschuss zu einem ernannt wurde , ist es die Pflicht des Sekretärs der Versammlung, Liste der Mitglieder zusammen mit einer beglaubigten Kopie der Befugnisse oder Anweisungen zu erstellen, denen sie unterliegen sind zu handeln und die Unterlagen gegebenenfalls an das auf der Liste des Ausschusses zuerst genannte Mitglied weiterzuleiten, andernfalls jedoch an jedes andere Mitglied des Ausschusses.

273 . Die in einem Ausschuss zuerst genannte Person fungiert als dessen Vorsitzender oder vorsitzender Beamter, soweit es um die zu unternehmenden vorbereitenden Schritte geht, und ist dazu in der Regel während des gesamten Verfahrens berechtigt; aber das ist eine Frage der Höflichkeit; Jeder Ausschuss hat das Recht, seinen eigenen Vorsitzenden zu wählen, der ihm vorsteht und der Versammlung über seine Beratungen Bericht erstattet.

274 . Ein Ausschuss muss ordnungsgemäß Anweisungen von der Versammlung hinsichtlich der Zeit und des Ortes seiner Sitzung erhalten und kann regelmäßig nicht zu einer anderen Zeit oder an einem anderen Ort tagen; und ihr kann angeordnet werden, sofort zusammenzutreten, während die Versammlung tagt, und unverzüglich ihren Bericht vorzulegen.

275 . Wenn keine Anweisungen erteilt werden, kann ein Ausschuss den Zeitpunkt und den Ort seiner Sitzung selbst bestimmen; aber ohne eine diesbezügliche besondere Anordnung ist es nicht gestattet, während der Sitzungsperiode der Versammlung zu sitzen; und wenn ein Ausschuss tagt und die Versammlung nach einer Vertagung zur Ordnung kommt, ist es die Pflicht des Vorsitzenden, sofort aufzustehen, nachdem er davon bestätigt wurde, und zusammen mit den anderen Mitgliedern dem Gottesdienst der Versammlung beizuwohnen .

276 . Hinsichtlich seiner Vorgehensweise ist ein Ausschuss im Wesentlichen eine Miniaturversammlung; – er kann nur dann handeln, wenn er regelmäßig als Ausschuss zusammenkommt, und nicht nach gesonderter Beratung und Zustimmung der Mitglieder; nichts ist die Vereinbarung oder der Bericht eines Ausschusses, sondern das, was auf diese Weise vereinbart wird; – eine Abstimmung im Ausschuss ist ebenso bindend wie eine Abstimmung der Versammlung; – eine Mehrheit der Mitglieder ist erforderlich, um ein Quorum für Geschäfte zu bilden, es sei denn, die Versammlung selbst hat eine größere oder kleinere Zahl festgelegt; und ein Komitee hat die volle Macht über alles, was ihm übertragen werden mag, , mit der Ausnahme, dass es ihm nicht freisteht, den Titel oder das Thema zu ändern.

277 . Ein Ausschuss, der keinerlei Weisungen hinsichtlich der Zeit und des Ortes seiner Sitzung hat, kann zusammentreten, wann und wo es ihm gefällt, und von Tag zu Tag oder auf andere Weise zusammentreten, bis er die ihm übertragenen Angelegenheiten erledigt hat; Wenn jedoch eine Sitzung zu einem bestimmten Zeitpunkt angeordnet wird und dies aus irgendeinem Grund nicht der Fall ist, ist der Ausschuss geschlossen und kann nicht tätig werden, ohne dass eine neue Sitzung angeordnet wird.

278 . Anstößige Worte, die in einem Ausschuss gesprochen werden, müssen auf die gleiche Weise wie in der Versammlung niedergeschrieben werden; aber das Komitee als solches kann nichts weiter tun, als sie der Versammlung zur Zustimmung vorzulegen; Ebenso wenig kann ein Ausschuss ungeordnetes Verhalten anderer Art bestrafen, sondern muss es der Versammlung melden.

279 . Liegt ein Papier vor einem Ausschuss, ob ausgewählt oder als Ganzes, kann es entweder von dem Ausschuss stammen oder an ihn weitergeleitet worden sein; und in jedem Fall ist vorgesehen, dass das Papier, wenn es zur Prüfung kommt, zunächst vollständig durchgelesen wird, und zwar durch den Sekretär des Ausschusses, falls vorhanden, andernfalls durch den Vorsitzenden; und dann vom Vorsitzenden noch einmal in Absätzen durchgelesen werden, wobei am Ende jedes Absatzes eine Pause gemacht wird und Fragen zur Änderung gestellt werden, entweder durch Streichen oder Einfügen, falls vorgeschlagen. Dies ist die natürliche Reihenfolge bei der Prüfung und Änderung eines Dokuments und ist in der Versammlung strikt einzuhalten. aber die gleiche Strenge scheint in einem Ausschuss nicht notwendig zu sein.

280 . Handelt es sich bei dem einem Ausschuss vorgelegten Papier um ein Dokument, das vom Ausschuss selbst erstellt wurde, werden Fragen zu den vorgeschlagenen Änderungsanträgen gestellt, nicht jedoch zur Zustimmung zu den einzelnen Absätzen, aus denen es besteht, und zwar gesondert, während sie durchgearbeitet werden; Dies ist dem Schluss vorbehalten, wenn eine Frage im Großen und Ganzen gestellt werden soll, um dem Papier in seiner geänderten oder unveränderten Fassung zuzustimmen.

281 . Handelt es sich um ein Dokument, das dem Ausschuss vorgelegt wurde, gehen sie wie im anderen Fall vor und stellen gegebenenfalls Änderungsfragen, jedoch keine abschließende Frage im Großen und Ganzen; denn alle Teile des Papiers, die von der Versammlung als Grundlage ihrer Tätigkeit angenommen oder angenommen wurden, bleiben selbstverständlich bestehen, sofern sie nicht durch eine Abstimmung der Versammlung geändert oder gestrichen werden. Und selbst wenn das Komitee gegen das ist und der Meinung ist, dass es nicht durch Änderungsanträge verbessert werden kann, hat es keine Befugnis, es abzulehnen Sie müssen es ohne Änderungen an die Versammlung zurückmelden (insbesondere unter Angabe ihrer Einwände, wenn sie es für richtig halten) und dort als einzelne Mitglieder ihren Widerspruch einlegen.
37

282 . Im Falle eines Papiers, das von einem Komitee stammt, können sie es nach Belieben streichen oder einfugen; Sobald jedoch eine endgültige Zustimmung vorliegt, sollte der Bericht in einem klaren Entwurf vorliegen,

der korrekt geschrieben ist und keine Auslassungen oder Zwischenzeilen enthält.

283 . Im Falle eines an einen Ausschuss überwiesenen Papiers steht es ihnen jedoch nicht frei, es in irgendeiner Weise zu löschen, einzuschneiden, zu beflecken, zu entstellen oder zu zerreißen; Sie müssen jedoch in einem gesonderten Papier die Änderungen, zu deren Berichterstattung sie sich bereit erklärt haben, niederlegen und dabei die Wörter angeben, die eingefügt oder weggelassen werden sollen, sowie den Ort angeben, an dem die Änderungen vorgenommen werden sollen, und zwar durch Verweise auf den Absatz, Abschnitt oder die Zeile , und Wort.

284 . Wenn die vereinbarten Änderungen sehr zahlreich und geringfügig sind Ausschuss sie insgesamt in Form eines neuen und geänderten Entwurfs vorlegen.

285 . Wenn ein Ausschuss das Papier durchgesehen oder sich auf einen Bericht zu diesem Thema geeinigt hat, der ihm vorgelegt wurde, wird er dann von einem Mitglied beantragt und anschließend dafür gestimmt, dass der Ausschuss aufsteht und dass der Vorsitzende oder jemand anderes ernannt wird Mitglied, erstatten der Versammlung Bericht.

SEKTE. IV. IHR BERICHT.

286 . Wenn der Bericht eines Ausschusses erstellt werden soll, teilt der Vorsitzende oder das an seiner Stelle mit der Erstellung des Berichts beauftragte Mitglied der Versammlung mit, dass der Ausschuss, an den ein solches Thema oder Papier verwiesen wurde, gemäß der Anordnung über diese Aufgabe verfügt , hatte das Gleiche in Erwägung gezogen und ihn angewiesen, darüber einen Bericht zu verfassen oder ihn gegebenenfalls mit verschiedenen Änderungen oder ohne Änderungen zu berichten, wozu er bereit ist, wenn die Versammlung dies wünscht; und er oder jedes andere Mitglied kann dann beantragen, dass der Bericht jetzt eingeht. Bei der Einreichung dieses Antrags wird die Frage gestellt, ob die Versammlung den Bericht zu diesem Zeitpunkt erhalten wird; und eine Abstimmung findet dementsprechend statt, entweder um es dann zu erhalten, oder um einen späteren Zeitpunkt für seinen Empfang festzulegen.

287 . Zu dem Zeitpunkt, an dem auf Anordnung der Versammlung der Bericht entgegenzunehmen ist, verliest ihn der Vorsitzende an seiner Stelle und übergibt ihn dann zusammen mit allen damit verbundenen Unterlagen dem Protokollführer am Tisch; wo es noch einmal gelesen wird und dann auf dem Tisch liegt, bis die festgesetzte Zeit erreicht ist oder es der Versammlung passt, um es zur Prüfung aufzunehmen.

288 . Handelt es sich bei dem Bericht des Ausschusses um ein Papier mit Änderungsanträgen, liest der Vorsitzende die Änderungsanträge unter

Beachtung der Kohärenz des Papiers, was auch immer es sein mag, und legt die Änderungen und die Gründe des Ausschusses für die Änderungsanträge offen, bis er sie durchgearbeitet hat das Ganze; und wenn der Bericht am Schreibtisch des Sachbearbeiters gelesen wird, werden nur die Änderungsanträge ohne Kohärenz gelesen.

289 . In der Praxis wird jedoch meist auf die Formalität eines Antrags und einer Abstimmung über die Annahme eines Berichts verzichtet; Wenn jedoch Einwände erhoben werden oder der Vorsitzende eine Informalität im Bericht feststellt, sollte er die Entgegennahme des Berichts ohne Antrag und Abstimmung ablehnen. und ein Bericht, wenn er von beträchtlicher Länge ist, wird selten gelesen, weder vom Vorsitzenden an seiner Stelle noch vom Angestellten am Tisch, bis er zur Prüfung aufgegriffen wird. In gesetzgebenden Versammlungen macht das Drucken von Berichten im Allgemeinen deren Lektüre überflüssig.

290 . Sobald der Bericht eines Ausschusses erstellt und entgegengenommen wird, wird der Ausschuss aufgelöst und kann ohne neue Befugnis nicht mehr handeln. aber ihre Autorität kann durch eine Abstimmung wiederbelebt und dieselbe Angelegenheit ihnen erneut übertragen werden. Wenn ein der Versammlung vorgelegter Bericht nicht eingeht, wird der Ausschuss dadurch nicht entlastet, sondern es kann angeordnet werden, erneut zusammenzutreten und ein entsprechender Zeitpunkt und Ort festgelegt werden.

291 . Wenn ein Thema oder eine Arbeit einmal festgelegt und ein Bericht darüber erstellt wurde, kann er entweder demselben oder einem anderen Ausschuss erneut übergeben werden; und wenn ein Bericht erneut in Auftrag gegeben wird, bevor die Versammlung ihm zugestimmt hat, ist das, was bisher im Ausschuss verabschiedet wurde, ungültig. Die ganze Frage wurde erneut dem Ausschuss vorgelegt, als ob dort nichts in Bezug darauf geschehen wäre.

292 . Der Bericht eines Ausschusses kann in drei verschiedenen Formen erstellt werden, nämlich: *Erstens* kann er lediglich eine Sachverhaltsdarstellung, eine eine Stellungnahme zum Thema ohne spezifische Schlussfolgerung oder *zweitens* eine Sachverhaltsdarstellung, Begründung oder Meinung, die mit einem Beschluss, einer Reihe von Beschlussfassungen oder einem anderen spezifischen Vorschlag endet; oder *drittens* kann es lediglich aus solchen Resolutionen oder Vorschlägen ohne einen einleitenden Teil bestehen.

293 . Die erste Frage bei einem Bericht bezieht sich streng genommen auf den Erhalt des Berichts. obwohl diese Frage in der Praxis selten oder nie gestellt wird; die Zustimmung der Versammlung, insbesondere im Hinblick auf den Bericht eines Gesamtausschusses, wird grundsätzlich vorausgesetzt,

sofern kein Einspruch erhoben wird. Wenn ein Bericht eingeht , sei es durch allgemeine Zustimmung oder aufgrund einer Frage und Abstimmung, wird der Ausschuss entlastet, und der Bericht wird zur Grundlage der künftigen Beratungen der Versammlung zu dem Thema, auf das er sich bezieht.

294 . Zu dem für die Prüfung vorgesehenen Zeitpunkt kann ein Bericht genau wie jeder andere Vorschlag behandelt und erledigt werden (§ 59 bis 77); und kann auf die gleiche Weise (78 bis 133) geändert werden, sowohl in der vorläufigen Stellungnahme, Begründung oder Meinung, sofern sie welche enthält, als auch in den Resolutionen oder anderen Vorschlägen, mit denen sie abschließt; also wenn es lediglich aus einer Stellungnahme usw. ohne Beschlüsse besteht oder aus Beschlüssen usw. ohne Einleitung.

295 . Die letzte Frage zu einem Bericht, egal in welcher Form, wird normalerweise bei seiner Annahme gestellt; und wenn er angenommen wird, wird der gesamte Bericht von der Versammlung angenommen und wird zur Erklärung, Begründung, Stellungnahme, Entschließung oder gegebenenfalls zu einem anderen Akt der Versammlung; Die Handlungen eines Ausschusses werden, wenn sie vereinbart, angenommen oder akzeptiert werden, zu den Akten der Versammlung, in der gleichen Weise, als ob sie ursprünglich von der Versammlung selbst erledigt worden wären, ohne dass ein Ausschuss eingreifen müsste.

296 . Es wäre jedoch besser und in strengerer Übereinstimmung mit den parlamentarischen Regeln, die letzte Frage zu einem Bericht entsprechend seiner Form zu formulieren. Enthält der Bericht lediglich eine Sachverhaltsdarstellung, Begründung oder Meinung, sollte es um die Annahme gehen; Wenn es außerdem mit Beschlüssen oder anderen spezifischen Vorschlägen jeglicher Art endet – der einleitende Teil wird folglich in der Schlussfolgerung zusammengeführt –, sollte es sich um die Zustimmung zu den Beschlüssen oder um die Annahme anderes handeln Vorschlag, oder bei Verabschiedung oder Abstimmung, empfohlen vom Ausschuss; und die gleiche Form sollte die Frage haben, wenn der Bericht lediglich aus Resolutionen usw. besteht, ohne einen einleitenden Teil.

SEKTE. V. GESAMTAUSSCHUSS.

297 . Wenn angeordnet wurde, dass ein Thema an einen Gesamtausschuss verwiesen wird, ist die Form des Übergangs von der Versammlung in den Ausschuss für den Vorsitzenden zu dem für die Sitzung des Ausschusses bestimmten Zeitpunkt auf Antrag, der für ihn gestellt und unterstützt wird, vorgesehen Ziel ist es, die Frage zu stellen, dass sich die Versammlung nun in einen Ausschuss des Ganzen auflöst, um eine solche Angelegenheit zu prüfen und sie zu benennen. Wenn diese Frage bejaht wird, wird das Ergebnis vom Vorsitzenden verkündet, der ein Mitglied zum Vorsitzenden des Ausschusses ernennt, dann den Vorsitz verlässt und wie jedes andere

Mitglied woanders Platz nimmt; und die Person, die zum Vorsitzenden ernannt wurde, setzt sich (nicht auf den Vorsitz der Versammlung, sondern) an den Schreibtisch des Schriftführers. 38

298 . Der vom Vorsitzenden benannte Vorsitzende wird im Allgemeinen vom Ausschuss akzeptiert; Allerdings hat ein Gesamtausschuss wie alle anderen Ausschüsse das Recht, einen Vorsitzenden für sich selbst zu wählen, wobei ein Mitglied mit allgemeiner Zustimmung die Frage stellt.

299 . Die gleiche Anzahl von Mitgliedern ist erforderlich, um ein Quorum eines Ausschusses der Gesamtheit zu bilden, ab der Versammlung; und wenn die anwesenden Mitglieder zu irgendeinem Zeitpunkt im Laufe der Verhandlung unter das Quorum fallen, tritt der Vorsitzende auf Antrag und Frage auf, der Vorsitzende übernimmt daraufhin wieder den Vorsitz, und der Vorsitzende informiert die Versammlung (er kann keinen anderen Bericht erstatten) über den Grund der Auflösung des Ausschusses.

300 . Wenn die Versammlung im Gesamtausschuss tagt, ist es die Pflicht des Vorsitzenden, im Versammlungsraum zu bleiben, um zur Stelle zu sein und den Vorsitz wieder übernehmen zu können, für den Fall, dass der Ausschuss aufgrund von Unruhen oder Unruhen aufgelöst werden sollte aus Mangel an Quorum oder sollten sich erheben, um entweder über Fortschritte zu berichten oder ihren Abschlussbericht über die ihnen übertragene Angelegenheit zu erstellen.

301 . Der Schriftführer der Versammlung fungiert nicht (dies ist die Pflicht des stellvertretenden Schriftführers in gesetzgebenden Körperschaften) oder zeichnet in seinem Tagebuch die Verhandlungen oder Abstimmungen des Ausschusses auf, sondern nur deren Bericht wie zur Montage gemacht.

302 . Die Verfahren in einem Ausschuss des Ganzen sind zwar im Allgemeinen denen in der Versammlung selbst und in anderen Ausschüssen ähnlich, unterscheiden sich jedoch in einigen Punkten, deren Prinzip die folgenden sind:

303 . *Erste.* Die vorherige Frage kann nicht in einem Gesamtausschuss behandelt werden. Die einzige Möglichkeit, eine unangemessene Diskussion zu vermeiden, besteht darin, die Bildung des Ausschusses zu beantragen; und wenn die Befürchtung besteht, dass die gleiche Diskussion bei der Rückkehr in den Ausschuss erneut versucht wird, kann die Versammlung den Ausschuss entlasten und selbst mit der Angelegenheit fortfahren, wobei jede unangemessene Diskussion anhand der vorherigen Frage unterdrückt wird. 39

304 . *Zweite.* Ein Gesamtausschuss kann sich nicht wie andere Ausschüsse zu einem anderen Zeitpunkt oder an einen anderen Ort vertagen, um die fortzusetzen und abzuschließen; Wenn ihr Geschäft jedoch zum üblichen

Zeitpunkt der Vertagung der Versammlung noch nicht erledigt ist oder sie aus irgendeinem anderen Grund zu einem bestimmten Zeitpunkt nicht weitermachen möchten, besteht die Verfahrensform darin, dass ein Mitglied die Bildung des Ausschusses beantragt ,- berichten Sie über den Fortschritt,- und bitten Sie um erneute Sitzung; und wenn dieser Antrag obsiegt, erhebt sich der Vorsitzende – der Vorsitzende übernimmt wieder den Vorsitz der Versammlung – und der Vorsitzende des Ausschusses teilt ihm mit, dass der Gesamtausschuss gemäß seiner Anordnung eine solche Angelegenheit behandelt habe , und haben darin einige Fortschritte gemacht; 40 , aber da er keine Zeit hatte, das Gleiche durchzugehen, haben sie ihn angewiesen, um Erlaubnis für eine erneute Sitzung des Ausschusses zu bitten. Der Vorsitzende stellt daraufhin die Frage, ob dem Ausschuss erneut Sitzungserlaubnis gewährt wird und wann die Versammlung sich wieder in einen Ausschuss auflösen wird. Wird eine erneute Sitzung nicht genehmigt, wird der Ausschuss selbstverständlich aufgelöst.

305 . *Dritte.* In einem Gesamtausschuss kann jedes Mitglied so oft sprechen, wie es ihm , sofern es das Wort erhalten während in der Versammlung selbst kein Mitglied mehr als einmal sprechen kann.

306 . *Vierte.* Ein Gesamtausschuss kann keine Angelegenheit an einen anderen Ausschuss verweisen; Aber auch andere Ausschüsse können ihre Aufgaben häufig wahrnehmen und ihre Geschäfte durch Unterausschüsse ihrer eigenen Mitglieder beschleunigen und tun dies auch.

307 . *Fünfte.* In einem Gesamtausschuss hat der Vorsitzende der Versammlung das Recht, sich wie jedes andere Mitglied an der Debatte und den Verhandlungen zu beteiligen.

308 . *Sechste.* Ein Gesamtausschuss hat wie ein engerer Ausschuss keine Befugnis, einen Verstoß gegen die Geschäftsordnung zu bestrafen, sei es durch ein Mitglied oder einen Fremden; Er kann sich jedoch nur erheben und die Angelegenheit der Versammlung melden, die den Täter bestrafen kann. Anstößige Worte müssen im Ausschuss auf die gleiche Weise wie in der Versammlung niedergeschrieben und der Versammlung zur Stellungnahme vorgelegt werden.

309 . Das Vorstehende sind die Hauptunterschiede zwischen den Verfahren in der Versammlung und in den Ausschüssen des Ganzen; in den meisten anderen Punkten sind sie völlig ähnlich. Manchmal wird gesagt, dass es in einem Gesamtausschuss nicht notwendig sei, dass ein Antrag unterstützt werde. Für diese Meinung gibt es jedoch weder eine begründete noch eine parlamentarische Grundlage.

310 . Wenn ein Gesamtausschuss die ihm vorgelegte Angelegenheit behandelt hat, beantragt ein Mitglied, dass der Ausschuss aufsteht und dass

der Vorsitzende (oder ein anderes Mitglied) der Versammlung über seine Beratungen Bericht erstattet. Nachdem dieser Beschluss geklärt ist, erhebt sich der Vorsitzende und geht zu seinem Platz – der Vorsitzende übernimmt wieder den Vorsitz der Versammlung – und der Vorsitzende teilt ihm mit, dass der Ausschuss die ihm übertragenen Angelegenheiten erledigt hat und dass er dazu bereit ist Legen Sie ihren Bericht vor, wenn die Versammlung es für angebracht hält, ihn entgegenzunehmen. Anschließend wird der Zeitpunkt für den Erhalt des Berichts vereinbart; und zum vereinbarten Zeitpunkt wird es auf die gleiche Weise erstellt und entgegengenommen wie jedes andere Komitee (286).

311 . Es kommt manchmal vor, dass auf die Formalität eines Antrags und der Frage nach dem Zeitpunkt des Berichtseingangs verzichtet wird. Wenn die Versammlung zu diesem Zeitpunkt bereit ist, es zu empfangen, ruft sie „Jetzt, jetzt", woraufhin der Vorsitzende fortfährt; wenn nicht, dann genannt, etwa „morgen" oder „Montag", und dieser Zeitpunkt wird durch allgemeine Zustimmung festgelegt. Wenn es jedoch nicht die allgemeine Auffassung der Versammlung ist, den Bericht zu diesem Zeitpunkt entgegenzunehmen, ist es besser, den Zeitpunkt durch einen Antrag und eine Frage zu vereinbaren und festzulegen. 41

---

36 „Theoretisch müsste die Mehrheit des Ausschusses aus Befürwortern der vorgeschlagenen Maßnahme bestehen. Aber als allgemeine Regel wird man feststellen, dass die politische Partei, die im Vormarsch ist, die Mehrheit im Ausschuss hat, da sie dann in der Lage ist, die Arbeit des Ausschusses usw. zu kontrollieren." – Ed . *Zurück zum Text*

37 Diese Regel gilt natürlich nicht für die Fälle, in denen das THEMA sowie die FORM ODER DETAILS einer Arbeit an den Ausschuss verwiesen werden. *Zurück zum Text*

38 Jefferson sagt, er werde am Schreibtisch des Angestellten sitzen.

Mell sagt: „Der so ernannte Vorsitzende übernimmt den Vorsitz *des Präsidenten* ." – ED. *Zurück zum Text*

39 Wenn das Ziel darin besteht, die Debatte zu stoppen, kann dies nur auf die gleiche Weise erreicht werden, es sei denn, es gibt eine besondere Regelung hinsichtlich der Redezeit oder der Herausnahme eines Themas aus dem Ausschuss. *Zurück zum Text*

40 Wenn es ein zweites Mal ist, lautet der Ausdruck „einiger weiterer Fortschritt" usw. *Zurück zum Text*

41 „Vom Ausschuss vorgeschlagene Änderungen können von der Versammlung geändert oder abgelehnt werden, und vom Ausschuss gestrichene Angelegenheiten können von der Versammlung wiederhergestellt werden." – ED. *Zurück zum Text*

- 82 -

ABSCHLIESSENDE BEMERKUNGEN.

312 . Zum Abschluss dieser Abhandlung wird es nicht als unangebracht erachtet, ein oder zwei Vorschläge zugunsten derjenigen Personen zu machen, die zum ersten Mal als präsidierende Beamte fungieren sollen.

313 . Einer der wesentlichsten Teile der Pflicht eines Vorsitzenden besteht darin, dem Ablauf der Versammlung und insbesondere dem, was jedes Mitglied sagt, das spricht, größte Aufmerksamkeit zu schenken. Ohne das erste wird es mit ziemlicher Sicherheit zu Verwirrung kommen; Zeitverschwendung und möglicherweise Störung Versammlung. Letzteres ist nicht nur eine anständige Bekundung des Respekts für diejenigen, die ihn zu einer ehrenvollen Position erhoben haben; aber es trägt wesentlich dazu bei, schüchterne oder schüchterne Mitglieder zu ermutigen und ihnen eine geduldige und aufmerksame Anhörung zu sichern; und oft ermöglicht es dem Vorsitzenden, durch rechtzeitiges Eingreifen beleidigende Ausdrücke rechtzeitig zu unterbinden, um Tumult und Unruhe zu verhindern, wie sie manchmal unsere Parlamentssäle beschämen.

314 . Ein vorsitzender Beamter sollte stets im Hinterkopf behalten, dass in einer beratenden Versammlung regelmäßig nur eine Sache gleichzeitig getan oder getan werden kann. Diese Vorsicht wird ihm besonders nützlich sein, wenn zwischen zwei Mitgliedern ein Streit infolge der in der Debatte gesprochenen Worte entsteht. In einem solchen Fall wird er gut daran tun, zu fordern, dass der ordnungsgemäße Ablauf des Verfahrens strikt eingehalten wird; und wird dafür sorgen, dass sich die Mitglieder nicht auf andere Weise einmischen. Im Allgemeinen wird die Feierlichkeit und Besonnenheit, mit der dieser Modus einhergeht, viel dazu beitragen, Hitze und Aufregung zu lindern und Harmonie und Ordnung in der Versammlung wiederherzustellen.

315 . Einem leitenden Beamten wird es oft peinlich sein, dass es sowohl schwierig als auch heikel ist, über Geschäftsordnungspunkte zu entscheiden oder Anweisungen zur Vorgehensweise zu geben. In solchen Fällen wird es für ihn nützlich sein, sich daran zu erinnern, dass –

DER GROßE ZWECK ALLER REGELN UND FORMEN BESTEHT DARIN, DEM WILLEN DER VERSAMMLUNG ZU GEHORCHEN, ANSTATT IHN EINZUSCHRÄNKEN; DEN AUSDRUCK IHRES BEWUSSTEN SINNES ZU ERLEICHTERN UND NICHT ZU BEHINDERN.

————————— ▸●◂ —————————

HINWEIS : Die sogenannte „cloture" hat das gleiche Ziel wie die amerikanische vorherige Frage; Es soll die Debatte abkürzen. Die vorherige englische Frage wird weiterhin diskutiert, und 1882 musste ein neues Schema ausgearbeitet werden. Dann wurde die französische Cloture übernommen und eingebürgert. Nach dem Cloture-Gesetz kann der Sprecher des Repräsentantenhauses oder der Vorsitzende des Ausschusses sagen, wenn er der Meinung ist, dass das Thema vor dem Repräsentantenhaus oder dem Ausschuss ausreichend erörtert wurde, und wenn ein Antrag gestellt wird: „Dass die Frage jetzt gestellt wird ", muss er den Antrag stellen die Frage. Wenn 200 Mitglieder dafür sind, die Frage zu stellen, oder wenn weniger als 40 dagegen sind und mehr als 100 dafür sind, legt er die Frage zur Hauptfrage sofort dem Repräsentantenhaus oder dem Ausschuss vor. Wenn in diesem Land ein Mitglied einen Gesetzentwurf seines Ausschusses vorstellt, beantragt es, dass die vorherige Frage am Ende einer Stunde gestellt wird; Die Debatte ist daher auf eine Stunde begrenzt. In England ruft ein Abgeordneter einen Gesetzentwurf zur zweiten Lesung auf, verschiebt die vorherige Frage und stimmt gegen seinen Antrag. Sollte die vorherige Frage angeordnet werden, würde er sich zutiefst angewidert fühlen – und der amerikanische Kongressabgeordnete würde sich auch darüber ärgern, wenn die vorherige Frage nicht angeordnet werden sollte.

VERFASSUNG DER VEREINIGTEN STAATEN.

PRÄAMBEL.

WIR , das Volk der Vereinigten Staaten, befehlen, um eine vollkommenere Union zu bilden, Gerechtigkeit zu schaffen, innere Ruhe zu gewährleisten, für die gemeinsame Verteidigung zu sorgen, das allgemeine Wohlergehen zu fördern und die Segnungen der Freiheit für uns und unsere Nachkommen zu sichern und diese Verfassung für die Vereinigten Staaten von Amerika erlassen.

ARTIKEL I.
DIE GESETZGEBENDE ABTEILUNG.

ABSCHNITT I. – Alle hierin gewährten Gesetzgebungsbefugnisse liegen beim Kongress der Vereinigten Staaten, der aus einem Senat und einem Repräsentantenhaus besteht.

ABSCHNITT II. – 1. Das Repräsentantenhaus besteht aus Mitgliedern, die alle zwei Jahre vom Volk der einzelnen Staaten gewählt werden; und die Wähler in jedem Staat müssen über die Qualifikationen verfügen, die für Wähler des zahlreichsten Zweigs der gesetzgebenden Körperschaft des Staates erforderlich sind.

2. Repräsentant darf niemand sein, der nicht das fünfundzwanzigste Lebensjahr vollendet hat und seit sieben Jahren Staatsbürger der Vereinigten Staaten ist und bei seiner Wahl kein Einwohner dieser Staaten sein darf Staat, in dem er gewählt werden soll.

3. Die Vertreter und die direkten Steuern werden auf die verschiedenen Staaten, die dieser Union angehören können, entsprechend ihrer jeweiligen Zahl aufgeteilt, die durch Addition zur Gesamtzahl der freien Personen, einschließlich derer, die für eine Amtszeit von 100.000 Jahren zum Dienst verpflichtet sind, ermittelt wird Jahre und mit Ausnahme der nicht besteuerten Inder drei Fünftel aller anderen Personen. Die tatsächliche Aufzählung erfolgt innerhalb von drei Jahren nach der ersten Sitzung des Kongresses der Vereinigten Staaten und innerhalb jeder weiteren Amtszeit von zehn Jahren in der gesetzlich vorgeschriebenen Weise. Die Zahl der Vertreter darf einen pro dreißigtausend nicht überschreiten, aber jeder Staat muss mindestens einen Vertreter haben; und bis eine solche Aufzählung erfolgt ist, ist der Staat New Hampshire berechtigt, drei zu wählen; Massachusetts, acht; Rhode Island und Providence Plantations, einer; Connecticut, fünf; New York, sechs; New Jersey, vier; Pennsylvania, acht;

Delaware, einer; Maryland, sechs; Virginia, zehn; North Carolina, fünf; South Carolina, fünf; und Georgia, drei.

4. Wenn in der Vertretung eines Staates freie Stellen entstehen, erlässt die Exekutivbehörde des betreffenden Staates Wahlbescheide zur Besetzung dieser freien Stellen.

5. Das Repräsentantenhaus wählt seinen Sprecher und andere Amtsträger und hat die alleinige Befugnis zur Amtsenthebung.

ABSCHNITT III. – 1. Der Senat der Vereinigten Staaten besteht aus zwei Senatoren jedes Staates, die von dessen gesetzgebender Körperschaft für sechs Jahre gewählt werden; und jeder Senator hat eine Stimme.

2. Unmittelbar nach ihrer Versammlung infolge der ersten Wahl werden sie zu gleichen Teilen in drei Klassen eingeteilt. Die Sitze der Senatoren der ersten Klasse werden mit Ablauf des zweiten Jahres, der zweiten Klasse mit Ablauf des vierten Jahres und der Senatoren der dritten Klasse mit Ablauf des sechsten Jahres frei, so dass ein Drittel frei werden kann alle zwei Jahre gewählt werden; und wenn während der Pause der gesetzgebenden Körperschaft eines Staates durch Rücktritt oder auf andere Weise freie Stellen entstehen, kann die Exekutive desselben bis zur nächsten Sitzung der gesetzgebenden Körperschaft vorübergehende Ernennungen vornehmen, die dann diese freien Stellen besetzen.

3. Niemand darf Senator sein, der nicht das dreißigste Lebensjahr vollendet und neun Jahre lang Staatsbürger der Vereinigten Staaten gewesen ist und bei seiner Wahl kein Einwohner des Staates sein darf, für den er zuständig sein soll gewählt.

4. Der Vizepräsident der Vereinigten Staaten ist Präsident des Senats, hat jedoch kein Stimmrecht, es sei denn, er ist zu gleichen Teilen vertreten.

5. Der Senat wählt seine anderen Amtsträger sowie einen Präsidenten *pro tempore* in Abwesenheit des Vizepräsidenten oder wenn er das Amt des Präsidenten der Vereinigten Staaten ausübt.

6. Der Senat hat die alleinige Befugnis, alle Amtsenthebungsverfahren zu verhandeln. Wenn sie zu diesem Zweck zusammensitzen, müssen sie einen Eid oder eine Bestätigung ablegen. Wenn der Präsident der Vereinigten Staaten vor Gericht gestellt wird, hat der Oberste den Vorsitz; und niemand darf ohne die der anwesenden Mitglieder verurteilt werden.

7. Das Urteil in Fällen einer Amtsenthebung darf nicht über die Amtsenthebung und die Disqualifikation hinausgehen, ein Ehren-, Vertrauens- oder Profitamt in den Vereinigten Staaten zu bekleiden und zu genießen; die verurteilte Partei ist jedoch dennoch haftbar und unterliegt

gemäß dem Gesetz einer Anklage, einem Gerichtsverfahren, einem Urteil und einer Strafe.

ABSCHNITT IV. – 1. Die Zeiten, Orte und Art der Abhaltung von Wahlen für Senatoren und Repräsentanten werden in jedem Staat von der jeweiligen Gesetzgebung festgelegt; Der Kongress kann jedoch jederzeit durch Gesetz solche Vorschriften erlassen oder ändern, mit Ausnahme der Orte, an denen die Senatoren gewählt werden.

2. Der Kongress tritt mindestens einmal im Jahr zusammen; und diese Versammlung soll am ersten Montag im Dezember stattfinden, es sei denn, sie legen gesetzlich einen anderen Tag fest.

ABSCHNITT V. – 1. Jedes Haus entscheidet über die Wahlen, Ergebnisse und Qualifikationen seiner eigenen Mitglieder, und die Mehrheit jedes Hauses stellt das Quorum für die Geschäftsabwicklung dar; eine kleinere Anzahl kann sich jedoch von Tag zu Tag vertagen und kann ermächtigt werden, die Anwesenheit abwesender Mitglieder auf die Art und Weise und unter den Strafen zu erzwingen, die jedes Haus vorsehen kann.

2. Jedes Haus kann seine Geschäftsordnung festlegen, seine Mitglieder für ungebührliches Verhalten bestrafen und mit Zustimmung von zwei Dritteln ein Mitglied ausschließen.

3. Jedes Haus soll über seine Verhandlungen ein Tagebuch führen und es von Zeit zu Zeit veröffentlichen, mit Ausnahme derjenigen Teile, die nach ihrem Ermessen der Geheimhaltung bedürfen; und die Ja- und Nein-Stimmen der Mitglieder beider Häuser zu jeder Frage werden auf Wunsch eines Fünftels der Anwesenden in das Tagebuch eingetragen.

4. Keines der Häuser darf sich während der Kongresssitzung ohne Zustimmung des anderen um mehr als drei Tage vertagen, noch an einen anderen Ort als den, an dem die beiden Häuser tagen.

ABSCHNITT VI. – 1. Die Senatoren und Repräsentanten erhalten für ihre Dienste eine gesetzlich festzulegende Vergütung, die aus der Staatskasse der Vereinigten Staaten gezahlt wird. Sie dürfen in allen Fällen, mit Ausnahme von Hochverrat, Verbrechen und Landfriedensbruch, nicht verhaftet werden, während sie an der Sitzung ihres jeweiligen Hauses teilnehmen und dorthin gehen und von dort zurückkehren. und für jede Rede oder Debatte in einem der beiden Häuser dürfen sie an keinem anderen Ort befragt werden.

2. Kein Senator oder Repräsentant darf während der Zeit, für die er gewählt wurde, in ein ziviles Amt unter der Autorität der Vereinigten Staaten berufen werden, das während dieser Zeit geschaffen oder dessen Bezüge erhöht

wurden; und niemand, der ein Amt in den Vereinigten Staaten innehat, darf während seiner Amtszeit Mitglied eines der beiden Häuser sein.

ABSCHNITT VII. – 1. Alle Gesetzentwürfe zur Erhöhung der Einnahmen müssen vom Repräsentantenhaus vorgelegt werden. Der Senat kann jedoch wie bei anderen Gesetzentwürfen Änderungen vorschlagen oder ihnen zustimmen.

2. Jeder Gesetzentwurf, der das hat , muss, bevor er zum Gesetz wird, dem Präsidenten der Vereinigten Staaten vorgelegt werden. wenn er zustimmt, muss er es unterzeichnen; wenn nicht, soll er es mit seinen Einwänden an das Haus zurückgeben, aus dem es stammen soll; Wer soll die Einwände im Großen und Ganzen in sein Tagebuch eintragen und mit der erneuten Prüfung fortfahren? Wenn nach einer solchen erneuten Prüfung zwei Drittel dieses Hauses der Verabschiedung des Gesetzentwurfs zustimmen, wird er zusammen mit den Einwänden an das andere Haus geschickt, das ihn ebenfalls erneut prüft. und wenn es von zwei Dritteln dieses Hauses angenommen wird, wird es zum Gesetz. Aber in allen solchen Fällen werden die Stimmen beider Häuser durch Ja und Nein bestimmt, und die Namen der Personen, die für und gegen den Gesetzentwurf gestimmt haben, werden jeweils in das Journal jedes Hauses eingetragen. Wenn ein Gesetzesentwurf vom Präsidenten nicht innerhalb von zehn Tagen (Sonntage ausgenommen) nach seiner Vorlage zurückgegeben wird, gilt dieser als Gesetz, als ob er ihn unterzeichnet hätte, es sei denn, der Kongress verhindert dies durch seine Vertagung Rückkehr, in diesem Fall ist es kein Gesetz.

3. Jeder Beschluss, jede Resolution oder jede Abstimmung, für die die Zustimmung des Senats und des Repräsentantenhauses erforderlich sein kann (mit Ausnahme einer Frage der Vertagung), ist dem Präsidenten der Vereinigten Staaten vorzulegen; und bevor es in Kraft tritt, muss es von ihm genehmigt werden; oder von ihm abgelehnt wird, muss von zwei Dritteln des Senats und des Repräsentantenhauses gemäß den für einen Gesetzentwurf vorgeschriebenen Regeln und Beschränkungen erneut verabschiedet werden.

ABSCHNITT VIII. —Der Kongress soll die Macht haben—

1. Steuern, Zölle, Abgaben und Verbrauchsteuern zu erheben und einzutreiben; um die Schulden zu begleichen und für die gemeinsame Verteidigung und das allgemeine Wohl der Vereinigten Staaten zu sorgen; Alle Zölle, Abgaben und Verbrauchsteuern müssen jedoch in den gesamten Vereinigten Staaten einheitlich sein:

2. Geld auf Kredit der Vereinigten Staaten leihen:

3. Um den Handel mit fremden Nationen und zwischen den verschiedenen Staaten und mit den Indianerstämmen zu regulieren:

4. Um eine einheitliche Einbürgerungsregel und einheitliche Gesetze zum Thema Insolvenzen in den gesamten Vereinigten Staaten festzulegen:

5. Um Geld zu prägen, seinen Wert und den Wert ausländischer Münzen zu regeln und den Standard für Gewichte und Maße festzulegen:

6. Zur Bestrafung der Fälschung der Wertpapiere und aktuellen Münzen der Vereinigten Staaten:

7. Um Postämter und Poststraßen einzurichten:

8. Den Fortschritt der Wissenschaft und der nützlichen Künste zu fördern, indem Autoren und Erfindern für begrenzte Zeit das ausschließliche Recht an ihren jeweiligen Schriften und Entdeckungen gesichert wird:

9. Zur Bildung von Gerichten, die dem Obersten Gerichtshof untergeordnet sind:

10. Um auf hoher See begangene Piraterie und Verbrechen sowie Verstöße gegen das Völkerrecht zu definieren und zu bestrafen:

11. Um den Krieg zu erklären, Marken- und Vergeltungsbriefe zu erteilen und Regeln für Gefangennahmen zu Lande und zu Wasser festzulegen:

12. Armeen aufstellen und unterstützen; Die Bereitstellung von Geldern für diesen Zweck darf jedoch nicht länger als zwei Jahre erfolgen:

13. Zur Bereitstellung und Unterhaltung einer Marine:

14. Regeln für die Regierung und Regulierung der Land- und Seestreitkräfte aufzustellen:

15. Vorzusehen, dass die Miliz gerufen wird, um die Gesetze der Union auszuführen, Aufstände zu unterdrücken und Invasionen abzuwehren:

16. Für die Organisation, Bewaffnung und Disziplinierung der Miliz sowie für die Führung derjenigen Teile von ihr zu sorgen, die im Dienst der Vereinigten Staaten stehen; wobei den Staaten jeweils die Ernennung der Offiziere und die Befugnis zur Ausbildung der Miliz gemäß der vom Kongress vorgeschriebenen Disziplin vorbehalten bleibt:

17. In allen Fällen die ausschließliche Gesetzgebung über den Bezirk auszuüben (nicht größer als zehn Meilen im Quadrat), der durch Abtretung einzelner Staaten und Zustimmung des Kongresses zum Regierungssitz der Vereinigten Staaten werden kann; und die gleiche Autorität über alle Orte auszuüben, die mit Zustimmung der gesetzgebenden Körperschaft des Staates, in dem sie liegen sollen, erworben wurden, um Festungen, Magazine, Arsenale, Werften und andere notwendige Gebäude zu errichten: – und

18. Alle Gesetze zu erlassen, die notwendig und angemessen sind, um die vorstehenden Befugnisse und alle anderen Befugnisse, die durch diese Verfassung der Regierung der Vereinigten Staaten oder einer ihrer Abteilungen oder Beamten übertragen werden, in die Tat umzusetzen.

ABSCHNITT IX. – 1. Die Einwanderung oder Einfuhr solcher Personen, deren Aufnahme einer der derzeit bestehenden Staaten für angemessen hält, darf vom Kongress vor dem Jahr eintausendachthundertacht nicht verboten werden; Auf diese Einfuhr kann jedoch eine Steuer oder Abgabe erhoben werden, die zehn Dollar pro Person nicht übersteigt.

2. Das Privileg des Habeas-Corpus-Schreibens darf nicht ausgesetzt werden, es sei denn, die öffentliche Sicherheit erfordert dies im Falle einer Rebellion oder Invasion.

3. Es darf kein Bill of Attainder oder *ein nachträgliches* Gesetz verabschiedet werden.

4. Es darf keine Kopfpauschale oder andere direkte Steuer erhoben werden, es sei denn, sie steht im Verhältnis zu der zuvor zu erhebenden Volkszählung oder Zählung.

5. Auf Artikel, die aus irgendeinem Staat ausgeführt werden, dürfen keine Steuern oder Zölle erhoben werden. Durch Handels- oder Steuervorschriften wird den Häfen eines Staates kein Vorrang vor denen eines anderen eingeräumt, und Schiffe, die von einem Staat aus oder von einem Staat aus anreisen, sind nicht verpflichtet, in einen anderen Staat einzulaufen, ihn dort abzufertigen oder Zölle zu zahlen.

6. Aus der Staatskasse darf kein Geld entnommen werden, es sei denn, es handelt sich um gesetzlich festgelegte Mittel; und von Zeit zu Zeit wird eine regelmäßige Aufstellung und Abrechnung der Einnahmen und Ausgaben aller öffentlichen Gelder veröffentlicht.

7. Von den Vereinigten Staaten wird kein Adelstitel verliehen, und niemand, der unter ihnen ein gewinnbringendes oder treuhänderisches Amt innehat, darf ohne Zustimmung des Kongresses Geschenke, Bezüge, Ämter oder Titel jeglicher Art annehmen was auch immer, von irgendeinem König, Fürsten oder fremden Staat.

ABSCHNITT X. – 1. Kein Staat darf einen Vertrag, ein Bündnis oder eine Konföderation eingehen; Gewährungsbriefe von Marke und Vergeltung; Münzgeld; Kreditwechsel ausstellen; Machen Sie alles andere als Gold- und Silbermünzen zum Zahlungsmittel für die Schuldentilgung. einen Bill of Attainder, *ein nachträgliches* Gesetz oder ein Gesetz verabschieden, das die Vertragspflicht beeinträchtigt; oder einen Adelstitel verleihen.

2. Kein Staat darf ohne Zustimmung des Kongresses Zölle oder Zölle auf Importe oder Exporte erheben, es sei denn, dies ist für die Umsetzung seiner Inspektionsgesetze unbedingt erforderlich Exporte sind für die Verwendung durch das Finanzministerium der Vereinigten Staaten bestimmt, und alle diese Gesetze unterliegen der Revision und Kontrolle des Kongresses.

3. Kein Staat darf ohne Zustimmung des Kongresses irgendeinen Zoll auf die Tonnage erheben, in Friedenszeiten Truppen oder Kriegsschiffe behalten, mit einem anderen Staat oder mit einer ausländischen Macht eine Vereinbarung oder einen Vertrag abschließen oder Krieg führen. es sei denn, es erfolgt eine tatsächliche Invasion oder es besteht eine unmittelbare Gefahr, die eine Verzögerung nicht zulässt.

ARTIKEL II.
DIE EXECUTIVE-ABTEILUNG.

ABSCHNITT I. – 1. Die Exekutivgewalt liegt bei einem Präsidenten der Vereinigten Staaten von Amerika. Er übt sein Amt für die Dauer von vier Jahren aus; und wird zusammen mit dem für die gleiche Amtszeit gewählten Vizepräsidenten wie folgt gewählt:

2. Jeder Staat ernennt auf die von seinem Gesetzgeber bestimmte Weise eine Anzahl von Wählern, die der Gesamtzahl der Senatoren und Repräsentanten entspricht, auf die der Staat im Kongress Anspruch haben kann Senator oder Repräsentanten. oder eine Person, die ein Treuhand- oder Gewinnamt in den Vereinigten Staaten innehat, wird zum Wähler ernannt.

3. Die Wähler treffen sich in ihren jeweiligen Staaten und stimmen per Stimmzettel für zwei Personen, von denen mindestens eine nicht mit ihnen im selben Staat ansässig sein darf. Und sie sollen eine Liste aller Personen erstellen, für die sie gestimmt haben, und die Anzahl der Stimmen für jeden angeben; Diese Liste müssen sie unterzeichnen und beglaubigen und versiegelt an den Sitz der Regierung der Vereinigten Staaten übermitteln, gerichtet an den Präsidenten des Senats. Der Präsident des Senats öffnet in Anwesenheit des Senats und des Repräsentantenhauses alle Urkunden und zählt dann die Stimmen aus. Präsident ist die Person, die über die meisten Stimmen verfügt, wenn diese Zahl die Mehrheit der Gesamtzahl der ernannten Wähler darstellt; und wenn es mehr als einen gibt, der über eine solche Mehrheit verfügt und über die gleiche Stimmzahl verfügt, dann wählt das Repräsentantenhaus unverzüglich durch Stimmzettel einen von ihnen zum Präsidenten; und wenn keine Person die Mehrheit hat, dann wählt das besagte Haus unter den fünf höchsten auf der Liste in gleicher Weise einen Präsidenten. Bei der Wahl des Präsidenten werden die Stimmen jedoch von den Staaten übernommen, wobei die Vertretung jedes Staates eine Stimme hat: Ein Quorum für diesen Zweck besteht aus einem oder mehreren Mitgliedern von zwei Dritteln der Staaten, und die Mehrheit aller Staaten

muss anwesend sein für eine Wahl notwendig sein. In jedem Fall wird nach der Wahl des Präsidenten die Person, die unter den Wählern die meisten Stimmen hat, Vizepräsident. Sollten jedoch zwei oder mehr übrig bleiben, die gleiche Stimmen haben Senat aus ihnen durch Stimmzettel den Vizepräsidenten.

4. Der Kongress kann den Zeitpunkt der Wahl der Wähler und den Tag, an dem sie ihre Stimme abgeben, festlegen, wobei dieser Tag in den gesamten Vereinigten Staaten derselbe sein soll.

5. Niemand außer einem natürlich geborenen Staatsbürger oder einem Bürger der Vereinigten Staaten zum Zeitpunkt der Verabschiedung dieser Verfassung ist für das Amt des Präsidenten wählbar; auch ist keine Person für dieses Amt wählbar, die es noch nicht erreicht hat bis zum Alter von fünfunddreißig Jahren und seit vierzehn Jahren in den Vereinigten Staaten wohnhaft.

6. Im Falle der Amtsenthebung des Präsidenten, seines Todes, seines Rücktritts oder seiner Unfähigkeit, die Befugnisse und Pflichten dieses Amtes wahrzunehmen, fällt dies auf den Vizepräsidenten; und der Kongress kann per Gesetz den Fall der Amtsenthebung, des Todes, des Rücktritts oder der Verhinderung sowohl des Präsidenten als auch des Vizepräsidenten regeln und festlegen, welcher Amtsträger dann als Präsident fungiert; und dieser Beamte muss entsprechend handeln, bis die Behinderung beseitigt ist oder ein Präsident gewählt wird.

7. Der Präsident erhält zu bestimmten Zeiten für seine Dienste eine Vergütung, die während der Amtszeit, für die er gewählt wurde, weder erhöht noch verringert werden darf; und er darf innerhalb dieses Zeitraums keine andere Vergütung von den Vereinigten Staaten oder einem dieser Staaten erhalten.

8. Bevor er mit der Ausübung seines Amtes beginnt, muss er den folgenden Eid oder die folgende Versicherung ablegen:

„Ich schwöre (oder bestätige) feierlich, dass ich das Amt Vereinigten Staaten bewahren, schützen und verteidigen werde." "

ABSCHNITT II. – 1. Der Präsident ist Oberbefehlshaber der Armee und der Marine der Vereinigten Staaten sowie der Milizen der einzelnen Staaten, wenn er in den tatsächlichen Dienst der Vereinigten Staaten berufen wird. Er kann die schriftliche Stellungnahme des leitenden Beamten jeder Exekutivabteilung zu jedem Thema im Zusammenhang mit den Aufgaben ihrer jeweiligen Ämter einholen; und er ist befugt, für Straftaten gegen die Vereinigten Staaten Aufschub und Begnadigung zu gewähren, außer im Falle einer Amtsenthebung.

2. Er ist befugt, mit Rat und Zustimmung des Senats Verträge abzuschließen, vorausgesetzt, dass zwei Drittel der anwesenden Senatoren zustimmen; und er ernennt Botschafter und andere öffentliche Minister und Konsuln, Richter des Obersten Gerichtshofs und alle anderen Beamten der Vereinigten Staaten, deren Ernennung hier nicht anderweitig vorgesehen ist, und ernennt sie mit Rat und Zustimmung des Senats , und die durch Gesetz festgelegt werden. Der Kongress kann jedoch per Gesetz die Ernennung von untergeordneten Beamten, die er für richtig hält, allein dem Präsidenten, den Gerichten oder den Abteilungsleitern übertragen.

3. Der Präsident ist befugt, alle während der Senatspause frei werdenden Stellen durch die Gewährung von Kommissionen zu besetzen, die am Ende der nächsten Sitzungsperiode ablaufen.

ABSCHNITT III. – 1. Er soll dem Kongress von Zeit zu Zeit Informationen über den Zustand der Union übermitteln empfehlen, die er für notwendig und zweckmäßig hält. Er kann bei außergewöhnlichen Anlässen beide Häuser oder eines von beiden einberufen; und im Falle einer Meinungsverschiedenheit zwischen ihnen über den Zeitpunkt der Vertagung kann er sie auf einen Zeitpunkt vertagen, den er für angemessen hält. Er empfängt Botschafter und andere öffentliche Minister. Er soll dafür sorgen, dass die Gesetze getreu ausgeführt werden; und wird alle Offiziere der United Slates beauftragen.

ABSCHNITT IV. – Der Präsident, der Vizepräsident und alle Zivilbeamten der Vereinigten Staaten werden ihres Amtes enthoben, wenn sie wegen Hochverrats, Bestechung oder anderen schweren Verbrechen und Vergehen angeklagt und verurteilt werden.

ARTIKEL III.
DIE JURISTISCHE ABTEILUNG.

ABSCHNITT I. – Die richterliche Gewalt der Vereinigten Staaten liegt bei einem Obersten Gerichtshof und bei den untergeordneten Gerichten, die der Kongress von Zeit zu Zeit anordnen und einrichten kann. Die Richter sowohl des Obersten als auch des Untergerichts üben ihr Amt bei guter Führung aus; und erhalten zu festgelegten Zeiten für ihre Dienste eine Vergütung, die während ihrer Amtszeit nicht gekürzt werden darf.

ABSCHNITT II. – 1. Die richterliche Gewalt erstreckt sich auf alle Rechts- und Billigkeitsfälle, die sich aus dieser Verfassung, den Gesetzen der Vereinigten Staaten und Verträgen ergeben , die unter ihrer Autorität geschlossen wurden oder geschlossen werden sollen. für alle Fälle, die Botschafter, andere Minister und Konsuln betreffen; für alle Fälle der Admiralität und Seegerichtsbarkeit; zu Kontroversen, an denen die Vereinigten Staaten beteiligt sein sollen; zu Kontroversen zwischen zwei oder mehr Staaten;

zwischen einem Staat und Bürgern eines anderen Staates; zwischen Bürgern verschiedener Staaten; zwischen Bürgern desselben Staates, die Land im Rahmen von Zuschüssen verschiedener Staaten beanspruchen; und zwischen einem Staat oder seinen Bürgern und ausländischen Staaten, Bürgern oder Untertanen.

2. In allen Fällen, die Botschafter, andere öffentliche Minister und Konsuln betreffen, sowie in Fällen, in denen ein Staat Partei ist, ist der Oberste Gerichtshof ursprünglich zuständig. In allen anderen zuvor genannten Fällen ist der Oberste Gerichtshof für die Berufung zuständig, sowohl in rechtlicher als auch in tatsächlicher Hinsicht, mit Ausnahmen und gemäß den vom Kongress erlassenen Vorschriften.

3. Die Verhandlung aller Verbrechen, außer in Fällen der Amtsenthebung, erfolgt durch ein Schwurgericht, und dieses Verfahren findet in dem Staat statt, in dem die besagten Verbrechen begangen wurden; Wenn die Verhandlung jedoch nicht in einem Staat stattfindet, findet sie an dem Ort oder den Orten statt, die der Kongress gesetzlich bestimmt hat.

ABSCHNITT III. – 1. Verrat gegen die Vereinigten Staaten darf nur darin bestehen, Krieg gegen sie zu erheben oder sich an ihre Feinde zu halten und ihnen Hilfe und Trost zu gewähren. Niemand darf wegen Hochverrats verurteilt werden, außer aufgrund der Aussage zweier Zeugen derselben offenkundigen Tat oder aufgrund eines Geständnisses in öffentlicher Sitzung.

2. Der Kongress ist befugt, die Strafe für Hochverrat zu verhängen; aber kein Täter, der Verrat begangen hat, darf begehen, außer während des Lebens des Täters.

ARTIKEL IV.
VERSCHIEDENE BESTIMMUNGEN.

ABSCHNITT I. – In jedem Staat wird den öffentlichen Akten, Aufzeichnungen und Gerichtsverfahren jedes anderen Staates volles Vertrauen und Anerkennung entgegengebracht; und der Kongress kann durch allgemeine Gesetze die Art und Weise vorschreiben, in der solche Handlungen, Aufzeichnungen und Verfahren bewiesen werden sollen, und deren Wirkung.

ABSCHNITT II. – 1. Die Bürger jedes Staates haben Anspruch auf alle Vorrechte und Immunitäten der Bürger der einzelnen Staaten.

2. Eine Person, die in einem Staat des Hochverrats, eines Verbrechens oder eines anderen Verbrechens angeklagt wird, vor der Justiz flieht und in einem anderen Staat gefunden wird, muss auf Verlangen der Exekutivbehörde des Staates, aus dem sie geflohen ist, ausgeliefert werden. in den Staat überführt werden, der für die Straftat zuständig ist.

3. Keine Person, die aufgrund der dortigen Gesetze zum Dienst oder zur Arbeit verpflichtet ist und in einen anderen Staat flüchtet, darf aufgrund eines dortigen Gesetzes oder einer Verordnung von diesem Dienst oder dieser Arbeit entlassen werden; werden jedoch auf Verlangen der Partei, der diese Dienstleistung oder Arbeit zusteht, herausgegeben.

ABSCHNITT III. – 1. Neue Staaten können vom Kongress in diese Union aufgenommen werden; Es darf jedoch kein neuer Staat innerhalb der Gerichtsbarkeit eines anderen Staates gegründet oder errichtet werden, noch darf ein Staat durch den Zusammenschluss mehr Staaten oder Teilen von Staaten ohne Zustimmung der gesetzgebenden Körperschaften der betreffenden Staaten gebildet werden sowie des Kongresses.

2. Der Kongress ist befugt, über das Territorium oder anderes Eigentum der Vereinigten Staaten zu verfügen und alle erforderlichen Regeln und Vorschriften zu erlassen. und nichts in dieser Verfassung darf so ausgelegt werden, dass es Ansprüche der Vereinigten Staaten oder eines bestimmten Staates beeinträchtigt.

ABSCHNITT IV. – Die Vereinigten Staaten garantieren jedem Staat in dieser Union eine republikanische Regierungsform und schützen jeden von ihnen vor Invasionen: und auf Antrag der Legislative oder der Exekutive (wenn die Legislative nicht einberufen werden kann) vor inländischen Gewalt.

ARTIKEL V.

Der Kongress schlägt, wann immer zwei Drittel beider Kammern dies für notwendig erachten, Änderungen dieser Verfassung vor; oder beruft auf Antrag der gesetzgebenden Körperschaften von zwei Dritteln der einzelnen Staaten eine Konvention ein, um Änderungen vorzuschlagen, die in jedem Fall als Teile dieser Verfassung in jeder Hinsicht gültig sind, wenn sie von der Verfassung ratifiziert werden durch gesetzgebende Körperschaften von drei Vierteln der einzelnen Staaten oder durch Konventionen in drei Vierteln davon, je nachdem, welche Art der Ratifizierung der Kongress vorschlagen kann; vorausgesetzt, dass keine Änderung, die vor dem Jahr eintausendachthundertacht vorgenommen werden darf, in irgendeiner Weise den ersten und vierten Satz im neunten Abschnitt des ersten [Artikels berührt; und dass kein Staat ohne seine Zustimmung seines gleichen Wahlrechts im Senat beraubt werden darf.

ARTIKEL VI.

1. Alle vor der Verabschiedung dieser Verfassung aufgenommenen Schulden und eingegangenen Verpflichtungen gelten gegenüber den Vereinigten Staaten gemäß dieser Verfassung ebenso wie gegenüber der Konföderation.

2. Diese Verfassung und die Gesetze der Vereinigten Staaten, die auf ihrer Grundlage erlassen werden, sowie alle Verträge, die unter der Autorität der Vereinigten Staaten geschlossen werden oder geschlossen werden sollen, sind das oberste Gesetz des Landes. und die Richter in jedem Staat sind daran gebunden, ungeachtet etwaiger gegenteiliger Bestimmungen in der Verfassung oder den Gesetzen eines Staates.

3. Die oben erwähnten Senatoren und Repräsentanten sowie die Mitglieder der verschiedenen gesetzgebenden Körperschaften des Bundesstaates und alle Exekutiv- und Justizbeamten sowohl der Vereinigten Staaten als auch der einzelnen Staaten sind durch einen Eid oder eine eidesstattliche Erklärung verpflichtet, diese Verfassung zu unterstützen; Es darf jedoch niemals eine Religionsprüfung als Qualifikation für ein Amt oder eine öffentliche Stiftung in den Vereinigten Staaten erforderlich sein.

ARTIKEL VII.

Die Ratifizierung der Konventionen von neun Staaten reicht für die Schaffung dieser Verfassung zwischen den Staaten aus, die sie ratifiziert haben. Geschehen im Rahmen einer Konvention mit einstimmiger Zustimmung der anwesenden Staaten am siebzehnten September im Jahr unseres Herrn eintausendsiebenhundertsiebenundachtzig und im Jahr der Unabhängigkeit der Vereinigten Staaten von Amerika am zwölften. Zu Urkund dessen haben wir hiermit unsere Namen eingetragen.

GEORGE WASHINGTON,
Präsident und Stellvertreter von Virginia.

ÄNDERUNGEN DER VERFASSUNG DER VEREINIGTEN STAATEN.

ARTIKEL I. – Der Kongress darf kein Gesetz erlassen, das die Gründung einer Religion respektiert oder deren freie Ausübung verbietet; oder die Meinungs- oder Pressefreiheit einschränken; oder das Recht des Volkes, sich friedlich zu versammeln und bei der Regierung eine Petition zur Wiedergutmachung von Beschwerden einzureichen.

ARTIKEL II. – Da eine gut organisierte Miliz für die Sicherheit eines freien Staates notwendig ist, darf das Recht des Volkes, Waffen zu besitzen und zu tragen, nicht verletzt werden.

ARTIKEL III. „Kein Soldat darf in Friedenszeiten ohne Zustimmung des Eigentümers in einem Haus untergebracht werden; auch nicht in Kriegszeiten, sondern auf eine gesetzlich vorgeschriebene Weise.

ARTIKEL IV. – Das Recht des Volkes, seine Personen, Häuser, Papiere und Besitztümer vor unangemessenen Durchsuchungen und Beschlagnahmungen zu schützen, darf nicht verletzt werden; Es dürfen keine

Durchsuchungsbefehle ausgestellt werden, es sei denn, es liegt ein triftiger Grund vor, der durch einen Eid oder eine Versicherung gestützt wird und insbesondere den zu durchsuchenden Ort und die zu beschlagnahmenden Personen oder Sachen beschreibt.

ARTIKEL V. – Niemand darf für ein Kapitalverbrechen oder ein anderes schändliches Verbrechen zur Rechenschaft gezogen werden vor einer großen Jury vor, außer in Fällen, die sich bei den Land- oder Seestreitkräften oder bei der Miliz ergeben. im tatsächlichen Dienst in Kriegszeiten oder bei öffentlicher Gefahr; Auch darf niemand wegen derselben Straftat zweimal einer Gefahr für Leib oder Leben ausgesetzt werden; er darf auch in keinem Strafverfahren gezwungen werden, gegen sich selbst als Zeuge auszusagen; ohne dass einem ordnungsgemäßen Gerichtsverfahren das Leben, die Freiheit oder das Eigentum entzogen werden; Auch darf Privateigentum nicht ohne gerechte Entschädigung für die öffentliche Nutzung übernommen werden.

ARTIKEL VI. – Bei allen Strafverfolgungen hat der Angeklagte das Recht auf ein schnelles und öffentliches Verfahren durch eine unparteiische Jury des Staates und Bezirks, in dem das Verbrechen begangen wurde, wobei der Bezirk zuvor gesetzlich festgelegt wurde; und über die Art und den Grund der Anschuldigung informiert zu werden; mit den Zeugen gegen ihn konfrontiert werden; ein obligatorisches Verfahren zur Einholung von Zeugen zu seinen Gunsten zu haben; und die Unterstützung eines Anwalts für seine Verteidigung zu haben.

ARTIKEL VII. – In Verfahren nach allgemeinem Recht, bei denen der Streitwert zwanzig Dollar übersteigt, bleibt das Recht auf ein Schwurgerichtsverfahren gewahrt; und keine von einer Jury verhandelte Tatsache darf vor einem Gericht der Vereinigten Staaten anders als nach den Regeln des Gewohnheitsrechts erneut geprüft werden.

ARTIKEL VIII. – Es dürfen weder eine übermäßige Kaution verlangt, noch übermäßige Geldstrafen verhängt oder grausame und ungewöhnliche Strafen verhängt werden.

ARTIKEL IX. – Die Aufzählung bestimmter Rechte in der Verfassung darf nicht so ausgelegt werden, dass sie andere Rechte, die dem Volk vorbehalten sind, verweigert oder herabsetzt.

ARTIKEL _

ARTIKEL XI. – Die richterliche Gewalt der Vereinigten Staaten darf nicht so ausgelegt werden, dass sie sich auf Rechts- oder Billigkeitsklagen erstreckt, die gegen einen der Vereinigten Staaten von Bürgern eines anderen Staates oder von Bürgern oder Untertanen eines ausländischen Staates eingeleitet oder verfolgt werden.

ARTIKEL XII. – 1. Die Wähler treffen sich in ihren jeweiligen Staaten und stimmen per Stimmzettel für den Präsidenten und den Vizepräsidenten, von denen mindestens einer nicht mit ihnen im selben Staat ansässig sein darf. Sie benennen in ihren Stimmzetteln die Person, für die sie zum Präsidenten gestimmt haben, und in Einzelwahlen die Person, die für das Amt des Vizepräsidenten gestimmt hat; und sie erstellen getrennte Listen aller Personen, die zum Präsidenten gewählt wurden, und aller Personen, die zum Vizepräsidenten gewählt wurden, sowie der Anzahl der Stimmen für jeden; Diese Listen müssen sie unterzeichnen und beglaubigen und versiegelt an den Sitz der Regierung der Vereinigten Staaten übermitteln, gerichtet an den Präsidenten des Senats. Der Präsident des Senats öffnet in Anwesenheit des Senats und des Repräsentantenhauses alle Urkunden und zählt dann die Stimmen aus. Die Person mit den meisten Stimmen für den Präsidenten soll der Präsident sein, wenn diese Zahl die Mehrheit der Gesamtzahl der ernannten Wähler darstellt; und wenn keine Person über eine solche Mehrheit verfügt, dann aus den Personen mit der höchsten Stimmenzahl, höchstens drei, Auf der Liste der wählt das Repräsentantenhaus unverzüglich durch Stimmzettel den Präsidenten. Bei der Wahl des Präsidenten werden die Stimmen jedoch von den Staaten übernommen, wobei die Vertretung jedes Staates eine Stimme hat: Ein Quorum für diesen Zweck besteht aus einem oder mehreren Mitgliedern von zwei Dritteln der Staaten und der Mehrheit aller Staaten wird für eine Wahl notwendig sein. Und wenn das Repräsentantenhaus nicht vor dem darauffolgenden vierten Märztag einen Präsidenten wählt, wann immer ihm das Wahlrecht zufällt, dann fungiert der Vizepräsident als Präsident, wie im Todesfall oder in einem anderen Fall Verfassungsunfähigkeit des Präsidenten.

2. Die Person, die als Vizepräsident die meisten Stimmen hat, ist der Vizepräsident, wenn diese Zahl die Mehrheit der Gesamtzahl der ernannten Wähler darstellt; und wenn keine Person die Mehrheit hat, wählt der Senat aus den beiden höchsten Zahlen auf der Liste den Vizepräsidenten. Ein Quorum für diesen Zweck besteht aus zwei Dritteln der Gesamtzahl der Senatoren, und für eine Wahl ist die Mehrheit der Gesamtzahl erforderlich.

3. Aber keine Person, die aufgrund ihrer Verfassung nicht für das Amt des Präsidenten in Frage kommt, soll für das Amt des Vizepräsidenten der Vereinigten Staaten in Frage kommen.

ARTIKEL XIII. – *Abschnitt* I. – Weder Sklaverei noch unfreiwillige Knechtschaft, außer als Strafe für ein Verbrechen, für das die Partei ordnungsgemäß verurteilt worden sein muss, dürfen in den Vereinigten Staaten oder an jedem Ort, der ihrer Gerichtsbarkeit unterliegt, existieren.

Abschnitt II. – Der Kongress hat die Befugnis, diesen Artikel durch entsprechende Gesetzgebung durchzusetzen.

ARTIKEL XIV. – *Abschnitt* I. – Alle in den Vereinigten Staaten geborenen oder eingebürgerten Personen, die der dortigen Gerichtsbarkeit unterliegen, sind Staatsbürger der Vereinigten Staaten und des Staates, in dem sie ihren Wohnsitz haben. Kein Staat darf ein Gesetz erlassen oder durchsetzen, das die Vorrechte oder Immunitäten der Bürger der Vereinigten Staaten einschränkt. Auch darf kein Staat einer Person ohne ein ordnungsgemäßes Gerichtsverfahren das Leben, die Freiheit oder das Eigentum entziehen; Sie verweigern auch keiner Person in ihrem Zuständigkeitsbereich den gleichen Schutz durch die Gesetze.

Abschnitt II. – Die Vertreter werden entsprechend ihrer jeweiligen Zahl auf die einzelnen Staaten aufgeteilt, wobei die Gesamtzahl der Personen in jedem Staat gezählt wird, mit Ausnahme der nicht besteuerten Inder. Wenn jedoch irgendjemandem das Recht verweigert wird, bei einer Wahl für die Wahl des Präsidenten oder Vizepräsidenten der Vereinigten Staaten, der Vertreter im Kongress, der Exekutiv- und Justizbeamten eines Staates oder der Mitglieder seiner gesetzgebenden Körperschaft zu stimmen der männlichen Einwohner eines solchen Staates, die einundzwanzig Jahre alt sind und Bürger der Vereinigten Staaten sind, oder in irgendeiner Weise gekürzt werden, mit Ausnahme der Teilnahme an Rebellionen oder anderen Verbrechen, wird die Vertretungsbasis in diesem Staat in dem Verhältnis reduziert, in dem dies der Fall ist die Zahl dieser männlichen Staatsbürger entspricht der Gesamtzahl der einundzwanzig Jahre alten männlichen Staatsbürger in diesem Staat.

Abschnitt III. – Niemand darf Senator oder Repräsentant im Kongress oder Wähler des Präsidenten und Vizepräsidenten sein oder ein ziviles oder militärisches Amt in den Vereinigten Staaten oder in einem Staat der zuvor einen Eid als Mitglied des Kongresses oder als Beamter der Vereinigten Staaten oder als Mitglied einer gesetzgebenden Körperschaft eines Staates oder als Exekutiv- oder Justizbeamter eines Staates geleistet haben, um die Verfassung der Vereinigten Staaten zu unterstützen sich an einem Aufstand oder einer Rebellion dagegen beteiligen oder den Feinden davon Hilfe oder Trost spenden. Der Kongress kann jedoch mit einer Mehrheit von zwei Dritteln jedes Repräsentantenhauses eine solche Behinderung aufheben.

Abschnitt IV. – Die Gültigkeit der gesetzlich zulässigen Staatsschulden der Vereinigten Staaten, einschließlich der Schulden für die Zahlung von Renten und Kopfgeldern für Dienste bei der Unterdrückung von Aufständen oder Rebellionen, darf nicht in Frage gestellt werden. Aber weder die Vereinigten Staaten noch irgendein Staat dürfen Schulden oder Verpflichtungen übernehmen oder begleichen, die zur Unterstützung eines Aufstands oder einer Rebellion gegen die Vereinigten Staaten entstanden sind, oder einen Anspruch auf den Verlust oder die Emanzipation eines Sklaven erheben; Alle derartigen Schulden, Verpflichtungen und Ansprüche gelten jedoch als rechtswidrig und nichtig.

Abschnitt V. – Der Kongress ist befugt, die Bestimmungen dieses Artikels durch entsprechende Gesetzgebung durchzusetzen.

ARTIKEL XV. – *Abschnitt* I. – Das Wahlrecht der Bürger der Vereinigten Staaten darf weder von den Vereinigten Staaten noch von einem Staat aufgrund von Rasse, Hautfarbe oder früherer Knechtschaft verweigert oder eingeschränkt werden.

Abschnitt II. – Der Kongress ist befugt, diesen Artikel durch entsprechende Gesetzgebung durchzusetzen.

UNABHÄNGIGKEITSERKLÄRUNG.

WENN es im Laufe der menschlichen Ereignisse für ein Volk notwendig wird, die politischen Bande aufzulösen, die es mit einem anderen Volk verbunden haben, und unter den Mächten der Erde die getrennte und gleichberechtigte Stellung einzunehmen, die den Gesetzen der Natur und der Natur zukommt Der Gott der Natur gibt ihnen das Recht, ein würdiger Respekt vor den Meinungen der Menschheit erfordert, dass sie die Gründe darlegen, die sie zur Trennung treiben.

Wir halten diese Wahrheiten für selbstverständlich; dass alle Menschen gleich geschaffen sind; dass sie von ihrem Schöpfer mit bestimmten unveräußerlichen Rechten ausgestattet sind; dass dazu Leben, Freiheit und das Streben nach Glück gehören. Um diese Rechte zu sichern, werden unter den Menschen Regierungen eingesetzt, die ihre gerechte Macht aus der Zustimmung der Regierten beziehen; dass es das Recht des Volkes ist, jedes Mal, wenn irgendeine Regierungsform diesen Zielen schadet, sie zu ändern oder abzuschaffen und eine neue Regierung einzusetzen, die auf solchen Grundsätzen gründet und ihre Macht in einer ihnen entsprechenden Form organisiert dürften beeinflussen . Die Vorsicht wird in der Tat gebieten, dass seit langem bestehende Regierungen nicht aus leichten und vorübergehenden Gründen geändert werden dürfen; und dementsprechend hat alle Erfahrung gezeigt, dass die Menschheit eher geneigt ist, zu leiden, während das Böse erträglich ist, als sich selbst zu heilen, indem sie die Formen abschafft, an die sie gewöhnt ist. Aber wenn eine lange Reihe von Missbräuchen und Usurpationen, die ausnahmslos dasselbe Ziel verfolgen, darauf abzielen, sie einem absoluten Despotismus zu unterwerfen, ist es ihr Recht, es ist ihre Pflicht, diese Regierung abzuschütteln und neue Wächter für ihre Zukunft bereitzustellen Sicherheit. Das war das geduldige Leiden dieser Kolonien, und das ist jetzt die Notwendigkeit, die sie dazu zwingt, ihre früheren Regierungssysteme zu ändern. Die Geschichte des gegenwärtigen Königs von Großbritannien ist eine Geschichte wiederholter Verletzungen und Usurpationen, die alle die Errichtung einer absoluten Tyrannei über diese Staaten zum Ziel hatten. Um dies zu beweisen, lassen Sie uns Fakten einer offenen Welt vorlegen:

Er hat seine Zustimmung zu Gesetzen verweigert, die für das Gemeinwohl am gesündesten und notwendigsten wären.

Er hat seinen Gouverneuren verboten, Gesetze von unmittelbarer und dringender Bedeutung zu erlassen, es sei denn, sie werden in ihrer Wirksamkeit ausgesetzt, bis seine Zustimmung eingeholt wird; und als er so suspendiert war, hat er es völlig versäumt, sich um sie zu kümmern. Er hat sich geweigert, andere Gesetze zur Unterbringung großer Bevölkerungskreise zu erlassen, es sei denn, diese Menschen würden auf das Recht der Vertretung in der Legislative verzichten – ein Recht, das für sie unschätzbar und nur für Tyrannen furchtbar ist.

Er hat gesetzgebende Körperschaften an ungewöhnlichen, unbequemen und von der Aufbewahrung öffentlicher Aufzeichnungen entfernten Orten zusammengerufen, nur um sie dazu zu bringen, seinen Maßnahmen Folge zu leisten.

Er hat wiederholt Repräsentantenhäuser aufgelöst, weil er sich seinen Eingriffen in die Rechte des Volkes mit männlicher Entschlossenheit widersetzte.

Er weigerte sich lange Zeit nach dieser Auflösung, die Wahl anderer zu veranlassen; wodurch die gesetzgebende Gewalt, unfähig zur Vernichtung, zur Ausübung ihrer Ausübung an das Volk als Ganzes zurückgekehrt ist, während der Staat in der Zwischenzeit allen Gefahren einer Invasion von außen und Erschütterungen von innen ausgesetzt bleibt.

Er hat sich bemüht, die Bevölkerung dieser Staaten zu verhindern; zu diesem Zweck die Gesetze zur Einbürgerung von Ausländern zu behindern; Sie weigerten sich, an anderen vorbeizukommen, um ihre Migration hierher zu fördern, und erhöhten die Bedingungen für neue Landaneignungen.

Er hat die Rechtspflege behindert, indem er seine Zustimmung zu Gesetzen zur Einführung richterlicher Befugnisse verweigerte.

Er hat die Richter hinsichtlich der Dauer ihrer Ämter und der Höhe ihrer Gehälter allein von seinem Willen abhängig gemacht.

Er hat eine Vielzahl neuer Büros errichtet und Schwärme von Offizieren hierher geschickt, um unser Volk zu belästigen und ihm sein Vermögen aufzuzehren.

Er hat in Friedenszeiten stehende Heere unter uns gehalten, ohne die Zustimmung unserer gesetzgebenden Körperschaften.

Er hat sich zum Ziel gesetzt, das Militär von der Zivilmacht unabhängig und ihr überlegen zu machen.

Er hat sich mit anderen zusammengetan, um uns einer Gerichtsbarkeit zu unterwerfen, die unserer Verfassung fremd ist und von unseren Gesetzen nicht anerkannt wird; seine Zustimmung zu ihren vorgetäuschten Gesetzgebungsakten geben:

Für die Einquartierung großer bewaffneter Truppenteile unter uns:

Um sie durch einen Scheinprozess vor der Strafe für etwaige Morde zu schützen, die sie an den Bewohnern dieser Staaten begehen sollten:

Um unseren Handel mit allen Teilen der Welt abzuschneiden:

Um uns ohne unsere Zustimmung Steuern aufzuerlegen:

Weil Sie uns in vielen Fällen die Vorteile eines Schwurgerichtsverfahrens vorenthalten:

Dafür, dass wir über die Meere hinaus transportiert wurden, um wegen vorgetäuschter Straftaten vor Gericht gestellt zu werden:

Für die Abschaffung des freien Systems englischer Gesetze in einer Nachbarprovinz, die Errichtung einer willkürlichen Regierung darin und die Erweiterung ihrer Grenzen, um sie gleichzeitig zu einem Beispiel und einem geeigneten Instrument für die Einführung derselben absoluten Herrschaft in diesen Kolonien zu machen:

Für die Wegnahme unserer Satzungen, die Abschaffung unserer wertvollsten Gesetze und die grundlegende Änderung der Formen unserer Regierung:

Für die Aussetzung unserer eigenen gesetzgebenden Körperschaften und die Erklärung, dass sie mit der Macht ausgestattet sind, in allen Fällen für uns Gesetze zu erlassen.

Er hat hier auf die Regierung verzichtet, indem er uns aus seinem Schutz erklärt und Krieg gegen uns geführt hat.

Er hat unsere Meere geplündert, unsere Küsten verwüstet, unsere Städte niedergebrannt und das Leben unseres Volkes zerstört.

Er transportiert derzeit große Armeen ausländischer Söldner, um die bereits begonnenen Werke des Todes, der Verwüstung und der Tyrannei zu vollenden, unter Umständen voller Grausamkeit und Treulosigkeit, die in den barbarischsten Zeiten kaum zu finden sind und die des Oberhauptes einer zivilisierten Nation völlig unwürdig sind.

Er hat unsere auf hoher See gefangenen Mitbürger gezwungen, Waffen gegen ihr Land zu tragen, Henker ihrer Freunde und Brüder zu werden oder selbst durch ihre Hände zu fallen.

Er hat unter uns häusliche Aufstände angezettelt und sich bemüht, die gnadenlosen indianischen Wilden über die Bewohner unserer Grenzen zu bringen, deren Kriegsführung bekanntermaßen eine unterschiedslose Vernichtung aller Altersgruppen, Geschlechter und Verhältnisse ist.

In jeder Phase dieser Unterdrückung haben wir in den bescheidensten Worten um Wiedergutmachung gebeten; Unsere wiederholten Petitionen wurden nur durch wiederholte Verletzungen beantwortet. Ein Fürst, dessen Charakter durch jede Tat geprägt ist, die einen Tyrannen ausmachen könnte, ist nicht geeignet, Herrscher eines freien Volkes zu sein.

Es hat uns auch nicht an Aufmerksamkeit für unsere britischen Brüder gefehlt. Wir haben sie von Zeit zu Zeit vor Versuchen ihres Gesetzgebers gewarnt, eine ungerechtfertigte Gerichtsbarkeit auf uns auszudehnen. Wir haben sie an die Umstände unserer Auswanderung und Ansiedlung hier erinnert. Wir haben an ihre angeborene Gerechtigkeit und appelliert und sie durch die Bindungen unserer gemeinsamen Verwandtschaft dazu beschworen, abzulehnen, die unweigerlich unsere Verbindungen und Korrespondenz unterbrechen würden. Auch sie waren gegenüber der Stimme der Gerechtigkeit und Blutsverwandtschaft taub. Wir müssen uns daher mit der Notwendigkeit abfinden, die unsere Trennung anprangert, und sie wie den Rest der Menschheit als Feinde im Krieg und im Frieden als Freunde betrachten.

Wir, die im Generalkongress versammelten Vertreter der Vereinigten Staaten von Amerika, appellieren daher an den Obersten Richter der Welt, die Richtigkeit unserer Absichten zu wahren, und tun dies im Namen und mit der Autorität der guten Menschen dieser Kolonien: feierlich veröffentlichen und erklären, dass diese Vereinigten Kolonien freie und unabhängige Staaten sind und es auch sein sollten; dass sie von jeglicher Treue zur britischen Krone entbunden sind und dass alle politischen Verbindungen zwischen ihnen und dem Staat Großbritannien vollständig aufgelöst sind und werden sollten; und dass sie als freie und unabhängige Staaten die volle Macht haben, Krieg zu führen, Frieden zu schließen, Bündnisse zu schließen, Handel zu etablieren und alle anderen Handlungen und Dinge zu tun, die unabhängige Staaten von Rechts wegen tun dürfen. Und zur Unterstützung dieser Erklärung geloben wir einander im festen Vertrauen auf den Schutz der göttlichen Vorsehung unser Leben, unser Vermögen und unsere heilige Ehre.

WASHINGTONS ABSCHEIDENDE ADRESSE.

Freunde und Mitbürger:

Der Zeitpunkt für die Neuwahl eines Bürgers zur Verwaltung der Exekutivregierung der Vereinigten Staaten ist nicht mehr fern, und tatsächlich ist die Zeit gekommen, in der Ihre Gedanken darauf verwendet werden müssen, die Person zu bestimmen, die mit diesem wichtigen Vertrauen ausgestattet werden soll Es erscheint mir angemessen, insbesondere weil es zu einem deutlicheren Ausdruck der öffentlichen Stimme beitragen kann, dass ich Sie jetzt über den von mir gefassten Entschluss in Kenntnis setze, nicht in die Reihe derer aufgenommen zu werden, aus denen die Wahl fallen soll gemacht.

Ich bitte Sie gleichzeitig, mir die Gerechtigkeit zu erweisen und mir zu versichern, dass dieser Beschluss nicht ohne strikte Berücksichtigung aller Erwägungen im Zusammenhang mit der Beziehung gefasst wurde, die einen pflichtbewussten Bürger an sein Land bindet; und dass ich bei der Rücknahme des Dienstleistungsangebots, was ein Schweigen in meiner Situation bedeuten könnte, nicht von einem Nachlassen des Eifers für Ihr zukünftiges Interesse beeinflusst werde; kein Mangel an dankbarem Respekt für Ihre frühere Güte; Ich bin aber voll und ganz davon überzeugt, dass der Schritt mit beidem vereinbar ist.

Die Annahme und das bisherige Verbleib in dem Amt, zu dem mich Ihre Wähler zweimal berufen haben, waren ein einheitliches Opfer der Neigung gegenüber der Pflichtmeinung und der Ehrerbietung gegenüber dem, was scheinbar Ihr Wunsch war. Ich hoffte ständig, dass es viel früher in meiner Macht gestanden hätte, aus Beweggründen, die ich nicht außer Acht lassen durfte, in den Ruhestand zurückzukehren, aus dem ich widerstrebend zurückgezogen worden war. Der starke Wunsch, dies zu tun, hatte vor der letzten Wahl sogar dazu geführt, dass ich eine Ansprache vorbereitet habe, um Ihnen dies mitzuteilen; Aber reifes Nachdenken über die damals verwirrte und kritische Lage unserer Angelegenheiten mit fremden Nationen und der einstimmige Rat von Personen, die mein Vertrauen genossen, veranlassten mich, . Ich freue mich, dass der Zustand Ihrer Bedenken, ob äußerlich oder innerlich, das Streben nach Neigung nicht mehr unvereinbar mit dem Gefühl von Pflicht oder Anstand macht; und ich bin davon überzeugt, dass Sie, egal wie parteiisch ich für meine Dienste sein mag, unter den gegenwärtigen Umständen unseres Landes meine Entscheidung, in den Ruhestand zu gehen, nicht missbilligen werden.

Die Eindrücke, mit denen ich das beschwerliche Vertrauen erstmals auf mich nahm, wurden bei entsprechender Gelegenheit dargelegt. Bei der Erfüllung dieses Vertrauens möchte ich nur sagen, dass ich mit guten Absichten zur Organisation und Verwaltung der Regierung beigetragen habe, und zwar mit den besten Anstrengungen, zu denen ein sehr fehlbares Urteilsvermögen fähig war. Obwohl ich mir von Anfang an der Minderwertigkeit meiner Qualifikationen nicht bewusst war, hat die Erfahrung in meinen eigenen Augen, vielleicht noch mehr in den Augen anderer, die Beweggründe für meine Zurückhaltung gestärkt; und jeden Tag mahnt mich die zunehmende Last der Jahre mehr und mehr, dass der Schatten des Ruhestands für mich ebenso notwendig wie willkommen ist. Zufrieden darüber, dass irgendwelche Umstände, die meinen Diensten einen besonderen Wert verliehen haben, sie nur vorübergehender Natur waren, habe ich den Trost zu glauben, dass Wahl und Besonnenheit mich zwar dazu einladen, die politische Szene zu verlassen, Patriotismus dies jedoch nicht verbietet.

Während ich mich auf den Moment freue, der das Ende meiner politischen Laufbahn bedeuten wird, gestatten mir meine Gefühle nicht, die tiefe Anerkennung der Dankbarkeit außer Acht zu lassen, die ich meinem geliebten Land für die vielen Ehrungen, die es mir verliehen hat, schulde ; noch mehr für das unerschütterliche Vertrauen, mit dem es mich unterstützt hat; und für die Gelegenheiten, die ich seitdem genossen habe, meine unantastbare Verbundenheit durch treue und beharrliche Dienste zum Ausdruck zu bringen, wenn auch in der Nützlichkeit, die meinem Eifer nicht gewachsen ist. Wenn sich aus diesen Diensten Vorteile für unser Land ergeben haben, lasst uns dies immer zu eurem Lob und als lehrreiches Beispiel in unseren Annalen in Erinnerung behalten, dass unter Umständen, in denen die Leidenschaften in alle Richtungen gingen, leicht in die Irre geführt werden konnte – inmitten manchmal zweifelhafter Erscheinungen – Schicksalsschläge, die oft entmutigend sind – in Situationen, in denen nicht den Geist der Kritik begünstigt hat – war die Beständigkeit Ihrer Unterstützung die wesentliche Stütze der Bemühungen und eine Garantie für die Pläne, mit denen sie verwirklicht wurden . Zutiefst von dieser Idee durchdrungen, werde ich sie mit in mein Grab tragen, als starke Anspornung für unaufhörliche Wünsche, dass der Himmel euch die erlesensten Zeichen seiner Wohltätigkeit weitergeben möge – dass eure Verbundenheit und brüderliche Zuneigung für immer bestehen möge – dass die Freiheit Die Verfassung, die das Werk Ihrer Hände ist, möge heilig aufrechterhalten werden – damit ihre Verwaltung in jedem Bereich von Weisheit und Tugend geprägt sein möge – damit letztlich das Glück der Menschen dieser Staaten unter der Schirmherrschaft der Freiheit möge durch eine so sorgfältige Bewahrung und einen so umsichtigen Gebrauch dieses Segens vervollständigt, dass sie den Ruhm erlangen, ihn dem Beifall, der Zuneigung und der Akzeptanz jeder Nation zu empfehlen, die ihm noch fremd ist.

Hier sollte ich vielleicht aufhören. Aber die Sorge um Ihr Wohlergehen, die nur mit meinem Leben enden kann, und die Befürchtung der Gefahr, die dieser Sorge innewohnt, drängen mich, bei einer Gelegenheit wie der gegenwärtigen Ihre feierliche Betrachtung anzubieten und Ihre häufige Betrachtung zu empfehlen , einige Gefühle, die das Ergebnis vieler Überlegungen und nicht unerheblicher Beobachtungen sind und die mir für die Dauerhaftigkeit Ihres Glücks als Volk von entscheidender Bedeutung erscheinen. Diese werden Ihnen mit größerer Freiheit angeboten, da Sie darin nur die uneigennützige Warnung eines scheidenden Freundes sehen können, der möglicherweise kein persönliches Motiv hat, seinen Rat zu beeinflussen. Als Ermutigung dazu kann ich auch nicht vergessen, dass Sie meine Gefühle bei einem früheren und nicht unähnlichen Anlass nachsichtig aufgenommen haben.

So verwoben die Liebe zur Freiheit mit jedem Band eures Herzens ist, bedarf es keiner meiner Empfehlungen, um die Verbundenheit zu festigen oder zu bestätigen.

Auch die Einheit der Regierung, die Sie zu einem Volk macht, liegt Ihnen jetzt am Herzen. Das ist zu Recht so; denn es ist eine tragende Säule im Gebäude Ihrer wahren Unabhängigkeit; Unterstützung Ihrer Ruhe ; Dein Frieden im Ausland; von Ihrer Sicherheit, von Ihrem Wohlstand; von der Freiheit, die du so hoch schätzt. Aber es ist leicht vorherzusehen, dass aus verschiedenen Gründen und von verschiedenen Seiten aus viele Anstrengungen unternommen und viele Kunstgriffe eingesetzt werden, um in euren Köpfen die Überzeugung von dieser Wahrheit zu schwächen; Da dies der Punkt Ihrer politischen Festung ist, gegen den die Batterien innerer und äußerer Feinde am beständigsten und aktivsten (wenn auch oft verdeckt und heimtückisch) gerichtet werden, ist es von unendlicher Bedeutung, dass Sie den immensen Wert Ihrer nationalen Union richtig einschätzen , zu Ihrem kollektiven und individuellen Glück; dass Sie eine herzliche, gewohnheitsmäßige und unerschütterliche Bindung daran hegen sollten; Gewöhnen Sie sich daran, darüber nachzudenken und zu sprechen, als wäre es das Palladium Ihrer politischen Sicherheit und Ihres Wohlstands. mit eifersüchtiger Angst auf seine Erhaltung achten; Herabwürdigung dessen, was auch nur den Verdacht erwecken könnte, dass es auf jeden Fall aufgegeben werden kann; und empört die Stirn runzelnd über den ersten Anbruch jedes Versuchs, einen Teil unseres Landes vom Rest zu entfremden oder die heiligen Bande zu schwächen, die jetzt die verschiedenen Teile miteinander verbinden.

Dafür haben Sie allen Anlass zu Sympathie und Interesse. Als gebürtige oder freiwillige Bürger eines gemeinsamen Landes hat dieses Land das Recht, Ihre Zuneigung zu bündeln. Der Name „ AMERIKANER“ , der Ihnen in Ihrer nationalen Eigenschaft gehört, muss immer den gerechten Stolz des

Patriotismus hervorheben, mehr als jede Bezeichnung, die sich aus lokalen Diskriminierungen ableitet. Mit geringfügigen Unterschieden haben Sie die gleiche Religion, die gleichen Manieren, Gewohnheiten und politischen Prinzipien. Sie haben für eine gemeinsame Sache gekämpft und gemeinsam gesiegt; Die Unabhängigkeit und Freiheit, die Sie besitzen, sind das Ergebnis gemeinsamer Beratungen und gemeinsamer Anstrengungen – gemeinsamer Gefahren, Leiden und Erfolge.

Aber diese Überlegungen, so stark sie sich auch an Ihre Sensibilität richten, werden bei weitem von denen aufgewogen, die sich unmittelbarer auf Ihr Interesse beziehen. Hier findet jeder Teil unseres Landes die zwingendsten Motive, die Einheit des Ganzen sorgfältig zu wahren und zu bewahren.

Der *Norden* , der in uneingeschränktem Verkehr mit dem *Süden* steht und durch die gleichen Gesetze einer gemeinsamen Regierung geschützt ist, findet in den Produkten der letzteren große zusätzliche Ressourcen für See- und Handelsunternehmen und wertvolle Materialien für die verarbeitende Industrie. Im gleichen Verkehr erlebt der *Süden* , begünstigt durch die Wirkung des *Nordens* , ein Wachstum seiner Landwirtschaft und eine Ausweitung seines Handels. Indem es die Seeleute des *Nordens teilweise in seine eigenen Kanäle lenkt* , wird seine besondere Schifffahrt gestärkt – und während es auf verschiedene Weise dazu beiträgt, die allgemeine Masse der nationalen Schifffahrt zu nähren und zu vergrößern, freut es sich auf den Schutz einer maritimen Stärke , an die es selbst gleichermaßen angepasst ist. Der *Osten findet* im gleichen Verkehr mit dem *Westen* bereits einen wertvollen Absatzmarkt für die Waren, die er aus dem Ausland mitbringt oder im Inland herstellt, und wird bei der fortschreitenden Verbesserung der inneren Kommunikation zu Lande und zu Wasser immer mehr einen wertvollen Absatzmarkt finden. Der *Westen* bezieht aus dem *Osten* die für sein Wachstum und seinen Komfort erforderlichen Vorräte – und was vielleicht noch wichtiger ist, er muss den sicheren Genuss unverzichtbarer Absatzmöglichkeiten für seine eigenen Produktionen zwangsläufig dem Gewicht, dem Einfluss und der künftigen Seefahrt verdanken Stärke der atlantischen Seite der Union, geleitet von einer unauflöslichen Interessengemeinschaft als eine Nation. Jede andere Amtszeit, durch die der *Westen* diesen wesentlichen Vorteil behaupten kann, sei es aus seiner eigenen Stärke oder aus einer abtrünnigen und unnatürlichen Verbindung mit einer fremden Macht, muss an sich prekär sein.

Während also jeder Teil unseres Landes ein unmittelbares und besonderes Interesse an der Vereinigung verspürt, können alle Teile zusammengenommen in der vereinten Masse an Mitteln und Anstrengungen größere Stärke, größere Ressourcen, verhältnismäßig größere Sicherheit vor äußeren Gefahren und weniger finden häufige Unterbrechung ihres Friedens durch fremde Nationen; und was von unschätzbarem Wert ist, sie müssen aus der Vereinigung eine Befreiung von jenen Unruhen und Kriegen untereinander ziehen, die benachbarte Länder, die nicht durch die gleiche Regierung miteinander verbunden sind, so häufig heimsuchen und zu deren Entstehung ihre ausreichen würden ; was aber im Gegensatz zu ausländischen Bündnissen, Bindungen und Intrigen anregend und verbitternd wäre. Daher werden sie auch die Notwendigkeit jener überwucherten militärischen Einrichtungen vermeiden, die unter jeder Regierungsform für die Freiheit ungünstig sind und als besonders feindlich gegenüber der republikanischen Freiheit angesehen werden müssen. In diesem Sinne sollte Ihre Verbindung als wichtigste Stütze Ihrer Freiheit betrachtet werden, und die Liebe des einen sollte Ihnen die Bewahrung des anderen schmackhaft machen.

Diese Überlegungen sind für jeden nachdenklichen und tugendhaften Geist eine überzeugende Sprache und zeigen den Fortbestand der Verbindung als primäres Ziel des patriotischen Wunsches. Gibt es Zweifel, ob eine gemeinsame Regierung einen so großen Bereich umfassen kann? Lassen Sie die Erfahrung es lösen. In einem solchen Fall auf bloße Spekulationen zu hören, wäre kriminell. Wir dürfen hoffen, dass eine ordnungsgemäße Organisation des Ganzen mit der Unterstützung der Regierungen für die jeweiligen Unterabteilungen dem Experiment einen glücklichen Ausgang verleihen wird. Es lohnt sich auf jeden Fall, ein faires und umfassendes Experiment durchzuführen. Angesichts solch starker und offensichtlicher Beweggründe für die Union, die alle Teile unseres Landes betreffen, wird es, auch wenn die Erfahrung nicht gezeigt hat, dass sie undurchführbar ist, immer einen Grund geben, dem Patriotismus derjenigen zu misstrauen, die in irgendeiner Richtung versuchen, seine Bande zu schwächen.

nördlich und *südlich* , *atlantisch* und *westlich* – gegeben sein sollte ; Daher können planende Männer versuchen, den Glauben zu erwecken, dass es tatsächlich Unterschiede in den lokalen Interessen und Ansichten gibt. Eines der Mittel einer Partei, um in bestimmten Bezirken Einfluss zu erlangen, besteht darin, die Meinungen und Ziele anderer Bezirke falsch darzustellen. Sie können sich nicht zu sehr vor den Eifersüchteleien und dem Herzbrennen schützen, die aus diesen falschen Darstellungen entstehen; Sie neigen dazu, diejenigen einander fremd zu machen, die durch brüderliche . Die Bewohner unseres westlichen Landes haben in letzter Zeit eine nützliche Lektion zu diesem Thema erhalten. Sie haben in den Verhandlungen der Exekutive und in der einstimmigen Ratifizierung des Vertrags mit Spanien durch den Senat und in der allgemeinen Zufriedenheit über dieses Ereignis in den gesamten Vereinigten Staaten einen entscheidenden Beweis dafür gesehen, wie unbegründet der unter ihnen verbreitete Verdacht war einer Politik in der Gesamtregierung und in den Atlantikstaaten, die ihren Interessen in Bezug auf den Mississippi unfreundlich gegenübersteht. Sie waren Zeugen der

Bildung zweier Verträge – des mit Großbritannien und des mit Spanien –, die ihnen alles sicherten, was sie sich in Bezug auf unsere Außenbeziehungen wünschen konnten, um ihren Wohlstand zu sichern. Wäre es nicht klug, sich für die Wahrung dieser Vorteile auf die Gewerkschaft zu verlassen, durch die sie erlangt wurden? Werden sie nicht von nun an gegenüber jenen Beratern taub sein, die sie, wenn es sie gibt, von ihren Brüdern trennen und mit Außerirdischen in Verbindung bringen würden?

Für die Wirksamkeit und Beständigkeit Ihrer Gewerkschaft ist eine Regierung für das Ganze unerlässlich. Keine noch so strengen Allianzen zwischen den Teilen können ein ausreichender Ersatz sein; Sie müssen unweigerlich die Verstöße und Unterbrechungen erleben, die alle Bündnisse zu allen Zeiten erlebt haben. Im Bewusstsein dieser bedeutsamen Wahrheit haben Sie Ihren ersten Aufsatz verbessert, indem Sie eine Regierungsverfassung verabschiedet haben, die besser berechnet ist als Ihre vorherige, für eine innige Verbindung und für die wirksame Verwaltung Ihrer gemeinsamen Anliegen. Diese Regierung – das Kind Ihrer eigenen Wahl, unbeeinflusst und ohne Ehrfurcht, nach umfassender Untersuchung und reiflicher Überlegung angenommen, völlig frei in ihren Prinzipien, in der Verteilung ihrer Befugnisse, die Sicherheit mit Energie vereinen und in sich eine Vorkehrung für ihre eigenen Änderungen enthalten – hat einen berechtigten Anspruch auf Ihr Vertrauen und Ihre Unterstützung. Die Achtung seiner Autorität, die Einhaltung seiner Gesetze und die Zustimmung zu seinen Maßnahmen sind Pflichten, die in den Grundprinzipien wahrer Freiheit verankert sind. Die Grundlage unserer politischen Systeme ist das Recht des Regierungsverfassung zu erlassen und zu ändern. Aber die Verfassung, die zu jeder Zeit besteht, ist für alle heilig und verbindlich, bis sie durch einen ausdrücklichen und authentischen Akt des gesamten Volkes geändert wird. Die Vorstellung von der Macht und dem Recht des Volkes, eine Regierung zu bilden, setzt die Pflicht jedes Einzelnen voraus, der etablierten Regierung zu gehorchen.

Alle Behinderungen der Ausführung der Gesetze, alle Kombinationen und Vereinigungen, gleich welcher plausiblen Art, mit der tatsächlichen Absicht, die regelmäßigen Überlegungen und Handlungen der eingesetzten Behörden zu lenken, zu kontrollieren, ihnen entgegenzuwirken oder sie zu beeindrucken, zerstören dieses grundlegende Prinzip von fataler Tendenz. Sie dienen dazu, eine Fraktion zu organisieren, ihr eine künstliche und außergewöhnliche Kraft zu verleihen, um an die Stelle des delegierten Willens der Nation den Willen einer Partei zu setzen, oft einer kleinen, aber geschickten und unternehmungslustigen Minderheit der Gemeinschaft; und entsprechend den abwechselnden Siegen verschiedener Parteien die öffentliche Verwaltung zum Spiegel schlecht abgestimmter und widersprüchlicher Fraktionsprojekte zu machen und nicht zum Organ konsistenter und gesunder Pläne, die von gemeinsamen Räten verdaut und durch gegenseitige Interessen modifiziert werden.

Wie auch immer Kombinationen oder Assoziationen der oben genannten Beschreibung hin und wieder populären Zielen dienen mögen, sie werden wahrscheinlich im Laufe der Zeit und der Dinge zu mächtigen Motoren werden, durch die listige, ehrgeizige und prinzipienlose Männer in die Lage versetzt werden, die Macht zu untergraben des Volkes zu missbrauchen und die Zügel der Regierung an sich zu reißen und anschließend genau die Maschinen zu zerstören, die sie zu ungerechter Herrschaft erhoben haben.

Für den Erhalt Ihrer Regierung und die Dauerhaftigkeit Ihres gegenwärtigen glücklichen Zustands ist es nicht nur erforderlich, dass Sie unregelmäßige Widerstände gegen ihre anerkannte Autorität konsequent zurückweisen, sondern auch, dass Sie dem Geist der Erneuerung seiner Prinzipien, wie fadenscheinig diese auch sein mögen, mit Sorgfalt widerstehen Vorwände. Eine Angriffsmethode könnte darin bestehen, in den Formen der Verfassung Veränderungen herbeizuführen, die die Energie des so das untergraben, was nicht direkt gestürzt werden kann Denken Sie bei all den Veränderungen, zu denen Sie möglicherweise aufgefordert werden, daran, dass Zeit und Gewohnheit mindestens genauso notwendig sind, um den wahren Charakter von Regierungen zu bestimmen wie von anderen menschlichen Institutionen – dass Erfahrung der sicherste Maßstab ist, um die tatsächliche Tendenz des Bestehenden zu testen Die Verfassung eines Landes – diese Möglichkeit, sich auf der Grundlage einer bloßen Hypothese und Meinung zu verändern, setzt die endlose Vielfalt von Hypothesen und Meinungen einem ständigen Wandel aus; Und denken Sie vor allem daran, dass für die effiziente Verwaltung Ihrer gemeinsamen Interessen in einem so großen Land wie unserem eine Regierung mit so viel Tatkraft, wie sie mit der vollkommenen Sicherheit der Freiheit vereinbar ist, unerlässlich ist. Die Freiheit selbst wird in einer solchen Regierung mit richtig verteilten und angepassten Befugnissen ihren sichersten Hüter finden. Es ist in der Tat kaum etwas anderes als ein Name, bei dem die Regierung zu schwach ist, um den Unternehmungen der Fraktion standzuhalten, jedes Mitglied der Gesellschaft innerhalb der durch die Gesetze vorgeschriebenen Grenzen zu halten und alle in der sicheren und ruhigen Freude daran zu halten die Rechte der Person und des Eigentums.

Ich habe Sie bereits auf die Gefahren von Parteien im Staat hingewiesen, insbesondere auf die Gründung dieser Parteien aufgrund geografischer Diskriminierung. Lassen Sie mich nun eine umfassendere Sichtweise einnehmen und Sie auf feierlichste Weise vor den verderblichen Auswirkungen des Parteigeistes im Allgemeinen warnen.

Dieser Geist ist leider untrennbar mit unserer Natur verbunden und hat seine Wurzeln in den stärksten Leidenschaften des menschlichen Geistes. Es existiert in allen Regierungen in unterschiedlicher Form, mehr oder weniger unterdrückt oder kontrolliert oder unterdrückt; aber in denen der populären Form zeigt es sich in seiner größten Bedeutung und ist wirklich ihr schlimmster Feind.

Die abwechselnde Herrschaft einer Fraktion über eine andere, geschärft durch den Geist der Rache, der der Parteiuneinigkeit innewohnt und in verschiedenen Zeiten und Ländern die schrecklichsten Ungeheuerlichkeiten begangen hat, ist an sich schon ein schrecklicher Despotismus. Dies führt jedoch letztendlich zu einem formelleren und dauerhafteren Despotismus. Die Unruhen und das Elend, die sich daraus ergeben, veranlassen den Geist der Menschen nach und nach dazu, Sicherheit und Ruhe in der absoluten Macht eines Einzelnen zu suchen: und früher oder später wird der Anführer einer vorherrschenden Fraktion, fähiger oder glücklicher als seine Konkurrenten, wendet diese Disposition auf die Zwecke seiner eigenen Erhebung auf den Ruinen der öffentlichen Freiheit an.

Ohne sich auf ein Extrem dieser Art zu freuen (das dennoch nicht völlig außer Sichtweite bleiben sollte), reichen die allgemeinen und fortwährenden Unheilvolligkeiten des Parteigeistes aus, um es zum Interesse und zur Pflicht eines weisen Volkes zu machen, es zu entmutigen und einzudämmen Es.

Es dient immer dazu, die öffentlichen Räte abzulenken und die öffentliche Verwaltung zu schwächen. Es regt die Gemeinschaft mit unbegründeten Eifersüchteleien und falschen Alarmen auf; entfacht die Feindseligkeit eines Teils gegen einen anderen; schürt gelegentlich Unruhen und Aufstände. Es öffnet die Tür für ausländischen Einfluss und Korruption, die über die Kanäle der Parteileidenschaften einen erleichterten Zugang zur Regierung selbst finden. Somit sind die Politik und der Wille eines Landes der Politik und dem Willen eines anderen Landes unterworfen.

Es besteht die Meinung, dass Parteien in freien Ländern eine nützliche Kontrolle der Regierungsführung darstellen und dazu dienen, den Geist der Freiheit am Leben zu erhalten. Dies ist in gewissen Grenzen wahrscheinlich wahr; und in Regierungen mit monarchischer Besetzung kann der Patriotismus mit Nachsicht, wenn nicht sogar mit Wohlwollen, auf den Geist der Partei blicken. Aber in Volksregierungen, in Regierungen reiner Wahl, ist dieser Geist nicht zu fördern. Aufgrund ihrer natürlichen Neigung ist es sicher, dass immer genug von diesem Geist für jeden heilsamen Zweck vorhanden sein wird. Und da die Gefahr eines Übermaßes ständig besteht, sollte man sich bemühen, es durch die öffentliche Meinung zu mildern und einzudämmen. Ein Feuer, das nicht gelöscht werden kann, erfordert eine gleichmäßige Wachsamkeit, um zu verhindern, dass es in Flammen aufgeht, damit es nicht verbrennt, anstatt es zu erwärmen.

Ebenso ist es wichtig, dass die Denkgewohnheiten in einem freien Land diejenigen, die mit seiner Verwaltung betraut sind, zur Vorsicht anregen, sich auf ihre jeweiligen verfassungsmäßigen Bereiche zu beschränken und zu in die Ausübung der Befugnisse einer Abteilung auf einen anderen. Der Geist des Übergriffs zielt darauf ab, die Befugnisse aller Abteilungen in einem zu bündeln und so unabhängig von der Regierungsform einen echten Despotismus zu schaffen. Eine gerechte Einschätzung der Machtliebe und der Neigung, sie zu missbrauchen, die im menschlichen Herzen vorherrschen, reicht aus, um uns von der Wahrheit dieser Position zu überzeugen. Die Notwendigkeit gegenseitiger Kontrollen bei der Ausübung der politischen Macht durch Aufteilung und Verteilung auf verschiedene Verwalter, wobei jeder zum Hüter des öffentlichen Wohls gegen Eingriffe der anderen wird, wurde durch Experimente in der Antike und in der Neuzeit bewiesen; einige davon in unserem Land und unter unseren eigenen Augen. Sie zu bewahren muss ebenso notwendig sein wie ihre Einführung. Wenn nach Meinung des Volkes die Verteilung oder Änderung der verfassungsmäßigen Befugnisse in irgendeiner Hinsicht falsch ist, soll dies durch eine Änderung in der von der Verfassung vorgesehenen Weise korrigiert werden; aber lass es keine Veränderung durch Usurpation geben; Denn obwohl dies in einem Fall das Instrument des Guten sein mag, ist es die übliche Waffe, mit der freie Regierungen zerstört werden. Der Präzedenzfall muss bei dauerhaftem Übel stets den teilweisen oder vorübergehenden Nutzen, den die Nutzung jederzeit mit sich bringen kann, weit überwiegen.

Von allen Gesinnungen und Gewohnheiten, die zu politischem Wohlstand führen, sind Religion und Moral unverzichtbare Stützen. Vergebens würde der Mann den Tribut des Patriotismus beanspruchen, der daran arbeiten würde, diese großen Säulen des menschlichen Glücks, diese festesten Stützen der Pflichten von Menschen und Bürgern, zu untergraben. Der bloße Politiker sollte sie ebenso wie der fromme Mann respektieren und schätzen. Ein Band könnte nicht alle ihre Verbindungen mit privatem und öffentlichem Glück nachzeichnen. Man stelle sich einfach die Frage: Wo ist die Sicherheit für Eigentum, für den Ruf, für das Leben, wenn das Gefühl religiöser Verpflichtung die Eide aufgibt, die als Untersuchungsinstrumente vor Gericht dienen? Und lassen Sie uns mit Vorsicht der Annahme nachgehen, dass die Moral ohne Religion aufrechterhalten werden kann. Was auch immer über den Einfluss verfeinerter Bildung auf Geister mit besonderer Struktur zugegeben werden mag, Vernunft und Erfahrung verbieten uns beide die Annahme, dass sich die nationale Moral unter Ausschluss religiöser Prinzipien durchsetzen kann.

Es ist im Wesentlichen wahr, dass Tugend oder Moral eine notwendige Triebfeder der Volksregierung sind. Die Regel erstreckt sich tatsächlich mit mehr oder weniger Gewalt auf jede Art freier Regierung. Wer, der ein aufrichtiger Freund davon ist, kann mit Gleichgültigkeit auf Versuche blicken, das Fundament des Gewebes zu erschüttern?

Fördern Sie daher als vorrangiges Ziel Institutionen zur allgemeinen Wissensverbreitung. In dem Maße, in dem die Struktur einer Regierung der öffentlichen Meinung Kraft verleiht, ist es wichtig, dass die öffentliche Meinung aufgeklärt wird.

Schätzen Sie den öffentlichen Kredit als eine sehr wichtige Quelle für Stärke und Sicherheit. Eine Methode, es zu bewahren, besteht darin, so sparsam wie möglich damit umzugehen, Ausgaben zu vermeiden und den Frieden zu pflegen, sich aber auch daran zu erinnern, dass rechtzeitige Ausgaben, um auf Gefahren vorbereitet zu sein, häufig viel größere Ausgaben verhindern, um sie abzuwehren; Vermeiden Sie auch die Anhäufung von Schulden, nicht nur durch Vermeidung von Ausgabenangelegenheiten, sondern auch durch energische Anstrengungen in Friedenszeiten, um die Schulden zu begleichen, die unvermeidliche Kriege verursacht haben könnten, und nicht unhöflich die Last auf die Nachwelt abzuwälzen, die wir selbst tragen sollten. Die Umsetzung dieser Maximen obliegt Ihren Vertretern, aber es ist notwendig, dass die öffentliche Meinung mitarbeitet. Um ihnen die Erfüllung ihrer Pflichten zu erleichtern, ist es wichtig, dass Sie praktisch bedenken, dass für die Begleichung von Schulden Einnahmen erforderlich sind. dass es Steuern geben muss, um Einnahmen zu erzielen; und es können keine Steuern ersonnen werden, die nicht mehr oder weniger unbequem und unangenehm sind; dass die inhärente Peinlichkeit, die untrennbar mit der Auswahl der richtigen Objekte verbunden ist (die immer eine Wahl von Schwierigkeiten ist), ein entscheidendes Motiv für eine offene Auslegung des Verhaltens der Regierung bei deren Errichtung und für einen Geist der Duldung in der Maßnahmen zur Erzielung von Einnahmen, die die öffentlichen Bedürfnisse jederzeit vorschreiben können.

Befolgen Sie Treu und Glauben und Gerechtigkeit gegenüber allen Nationen. Kultiviere Frieden und Harmonie mit allen. Religion und Moral fordern dieses Verhalten; Und kann es sein, dass eine gute Politik dies nicht gleichermaßen vorschreibt? Es wird einer freien, aufgeklärten und (zu keiner fernen Zeit) großen Nation würdig sein, der Menschheit das großmütige und neuartige Beispiel eines Volkes zu geben, das stets von erhabener Gerechtigkeit und Güte geleitet wird. Wer kann daran zweifeln, dass die Früchte eines solchen Plans im Laufe der Zeit und der Dinge alle vorübergehenden Vorteile, die durch ein beständiges Festhalten daran verloren gehen könnten, reichlich ausgleichen würden? Kann es sein, dass die Vorsehung die dauerhafte Glückseligkeit einer Nation nicht mit Tugend verbunden hat? Zumindest wird das Experiment von jedem Gefühl empfohlen, das die menschliche Natur veredelt. Ach! wird es durch seine Laster unmöglich gemacht?

Bei der Ausführung eines solchen Plans ist nichts wichtiger, als dass dauerhafte, tief verwurzelte Antipathien gegen bestimmte Nationen und leidenschaftliche Bindungen an andere ausgeschlossen werden; und dass stattdessen gerechte und freundschaftliche Gefühle gegenüber allen gepflegt werden sollten. Die Nation, die einem anderen gegenüber einen gewohnheitsmäßigen Hass oder eine gewohnheitsmäßige Zuneigung hegt, ist gewissermaßen ein Sklave. Es ist ein Sklave seiner Feindseligkeit oder seiner Zuneigung, und beides reicht aus, um es von seiner Pflicht und seinem Interesse abzubringen. Die Abneigung einer Nation gegen eine andere führt dazu, dass jede Nation leichter zu Beleidigungen und Kränkungen neigt, sich leichtere Gründe für den Ärger zu eigen macht und hochmütig und hartnäckig ist, wenn zufällige oder unbedeutende Anlässe zum Streit auftauchen. Daher häufige Zusammenstöße, hartnäckige, erbitterte und blutige Auseinandersetzungen. Manchmal zwingt die Nation, angetrieben von Böswilligkeit und Groll, gegen die Regierung Krieg, entgegen den besten politischen Überlegungen. Die Regierung beteiligt sich manchmal an der nationalen Neigung und übernimmt aus Leidenschaft, was die Vernunft ablehnen würde; zu anderen macht es die Feindseligkeit der Nation feindlichen Projekten unterworfen, die durch Stolz, Ehrgeiz und andere finstere und . Der Frieden, manchmal vielleicht auch die Freiheit der Nationen, ist oft das Opfer gewesen.

Ebenso führt die leidenschaftliche Bindung einer Nation an eine andere zu einer Vielzahl von Übeln. Sympathie für die Lieblingsnation, die die Illusion eines eingebildeten gemeinsamen Interesses in Fällen, in denen kein wirkliches gemeinsames Interesse besteht, erleichtert und dem einen die Feindseligkeiten des anderen einflößt, verleitet das erstere dazu, sich an den Streitigkeiten und Kriegen des letzteren ohne angemessene Beteiligung zu beteiligen Anreiz oder Rechtfertigung. Es führt auch zu Zugeständnissen an die Lieblingsnation, zu Privilegien, die anderen verweigert werden, was die Nation, die diese Zugeständnisse macht, doppelt schädigen kann, indem es sich unnötigerweise von dem trennt, was hätte behalten werden sollen, und indem es Eifersucht, Missgunst und Gesinnung hervorruft sich an den Parteien zu rächen, denen gleiche Privilegien vorenthalten werden; und es gibt ehrgeizigen, korrupten oder getäuschten Bürgern (die sich der Lieblingsnation verschrieben haben) die Möglichkeit, die Interessen ihres eigenen Landes zu verraten oder zu opfern, ohne Gehässigkeit, manchmal sogar mit Popularität, und vergoldet mit dem Anschein eines tugendhaften Pflichtgefühls eine lobenswerte Achtung vor der öffentlichen Meinung oder ein lobenswerter Eifer für das Gemeinwohl, die niederträchtige oder törichte Gefolgschaft von Ehrgeiz, Korruption oder Verliebtheit.

Solche Eigensinne sind für den wahrhaft aufgeklärten und unabhängigen Patrioten besonders besorgniserregend, da sie auf vielfältige Weise Möglichkeiten zur ausländischen Einflussnahme darstellen. Wie viele Gelegenheiten bieten sie sich, inländische Fraktionen zu manipulieren, die Künste der Verführung zu praktizieren, die öffentliche Meinung in die Irre zu führen, die öffentlichen Räte zu beeinflussen oder einzuschüchtern? Eine solche Bindung einer kleinen oder schwachen Nation an eine große und mächtige Nation verurteilt die erstere dazu, der Satellit der letzteren zu sein.

Gegen die heimtückischen Machenschaften fremden Einflusses (ich beschwöre Sie, mir zu glauben, Mitbürger) sollte die Eifersucht eines freien Volkes *ständig* wach sein; denn Geschichte und Erfahrung beweisen, dass ausländischer Einfluss einer der schlimmsten Feinde der republikanischen Regierung ist. Aber um nützlich zu sein muss die Eifersucht unparteiisch sein, sonst wird sie zum Instrument des Einflusses, den es zu vermeiden gilt, und nicht zu   HYPERLINK   "https://gutenberg.org/files/60757/60757-h/60757-h.htm" \l "png.221" dagegen. Übermäßige Vorliebe für eine fremde Nation und übermäßige Abneigung gegen eine andere führen dazu, dass diejenigen, die sie antreiben, die Gefahr nur auf einer Seite sehen, und dienen dazu, die Künste der Einflussnahme auf der anderen Seite zu verschleiern und sogar zu unterstützen. Echte Patrioten, die sich den Intrigen des Favoriten widersetzen, laufen Gefahr, verdächtig und abscheulich zu werden, während seine Werkzeuge und Betrüger den Beifall und das Vertrauen des Volkes an sich reißen, ihre Interessen aufzugeben. Die wichtigste Verhaltensregel für uns gegenüber fremden Nationen besteht darin, bei der Ausweitung unserer Handelsbeziehungen so wenig *politische* Verbindungen wie möglich mit ihnen zu haben. Soweit wir bereits Verpflichtungen eingegangen sind, sollen diese in vollkommenem Treu und Glauben erfüllt werden. Hier lasst uns innehalten.

Europa hat eine Reihe primärer Interessen, die für uns keine oder nur eine sehr entfernte Beziehung haben. Daher muss sie häufig in Kontroversen verwickelt sein, deren Ursachen im Wesentlichen außerhalb unseres Interesses liegen. Daher muss es von uns unklug sein, uns durch künstliche Bindungen in die gewöhnlichen Wechselfälle ihrer Politik oder die gewöhnlichen Kombinationen und Kollisionen ihrer Freundschaften oder Feindschaften zu verwickeln.

Unsere distanzierte und distanzierte Situation lädt uns ein und ermöglicht es uns, einen anderen Weg einzuschlagen. Wenn wir unter einer effizienten Regierung ein Volk bleiben, ist die Zeit nicht mehr fern, in der wir materiellem Schaden durch äußere Belästigungen trotzen können; wenn wir eine solche Haltung einnehmen können, die die Neutralität bewirkt, können wir uns jederzeit dazu entschließen, gewissenhaft respektiert zu werden; wenn kriegführende Nationen angesichts der Unmöglichkeit, uns zu erobern, die Provokation nicht leichtfertig wagen werden; wenn wir Frieden oder Krieg wählen können, wie es unser Interesse, geleitet von der Gerechtigkeit, rät.

Warum auf die Vorteile einer so besonderen Situation verzichten? Warum sollten wir unser eigenes aufgeben, um auf fremdem Boden zu stehen? Warum verstricken wir unseren Frieden und Wohlstand durch die Verflechtung unseres Schicksals mit dem eines Teils Europas in die Mühsal europäischen Ehrgeizes, Rivalität, Interesse, Humor oder Launen?

Es ist unsere wahre Politik, uns von dauerhaften Bündnissen mit irgendeinem Teil der fremden Welt fernzuhalten, soweit ich meine, soweit es uns jetzt freisteht, dies zu tun; Denn man darf nicht davon ausgehen, dass ich in der Lage bin, die Untreue gegenüber bestehenden Verpflichtungen zu bevormunden. Für mich gilt der Grundsatz, dass Ehrlichkeit immer die beste Politik ist, nicht weniger auf öffentliche als auf private Angelegenheiten. Ich wiederhole es daher: Lassen Sie diese Verpflichtungen in ihrem wahren Sinne einhalten. Meiner Meinung nach ist es jedoch unnötig und unklug, sie zu verlängern.

Da wir stets darauf bedacht sind, uns durch geeignete Einrichtungen in einer respektablen Verteidigungshaltung zu halten, können wir für außergewöhnliche Notfälle getrost auf vorübergehende Bündnisse vertrauen.

Harmonie und ein liberaler Umgang mit allen Nationen werden von Politik, Menschlichkeit und Interesse empfohlen. Aber auch unsere Handelspolitik sollte eine gleichberechtigte und unparteiische Hand haben, weder exklusive Gefälligkeiten oder Präferenzen anstreben noch gewähren, den natürlichen Lauf der Dinge berücksichtigen, die Handelsströme mit sanften Mitteln zerstreuen und diversifizieren, aber nichts erzwingen; Um dem Handel einen Grundkurs zu geben, um die Rechte unserer Kaufleute zu definieren und es der Regierung zu ermöglichen, sie zu unterstützen, werden mit den entsprechenden Befugnissen herkömmliche Verkehrsregeln festgelegt, die besten, die die gegenwärtigen Umstände und die gegenseitige Meinung zulassen, aber vorübergehend und kann von Zeit zu Zeit aufgegeben oder geändert werden, je nach Erfahrung und Umständen ; ständig im Auge behalten, dass es in einer Nation Torheit ist, von einer anderen uneigennützige Gefälligkeiten zu erwarten; dass es mit einem Teil seiner Unabhängigkeit für alles bezahlen muss, was es unter diesem Charakter akzeptieren mag; dass es sich durch eine solche Annahme in die Lage versetzen könnte, Äquivalente für nominelle Gefälligkeiten gegeben zu haben, und dass ihm dennoch Undankbarkeit vorgeworfen wird, weil es nicht mehr gegeben hat. Es kann keinen größeren Fehler geben, als von Nation zu Nation echte Gefälligkeiten zu erwarten oder darauf zu rechnen. Es ist eine

Illusion, die durch Erfahrung geheilt werden muss und die ein gerechter Stolz ablegen sollte.

Wenn ich Ihnen, meine Landsleute, diese Ratschläge eines alten und liebevollen Freundes gebe, wage ich nicht zu hoffen, dass Eindruck hinterlassen, den ich mir wünschen konnte; dass sie den üblichen Strom der Leidenschaften kontrollieren oder unsere Nation daran hindern werden, den Kurs einzuschlagen, der bisher das Schicksal der Nationen geprägt hat; aber wenn ich mir überhaupt schmeicheln darf, dass sie einen teilweisen Nutzen, einen gelegentlichen Nutzen bringen könnten; dass sie hin und wieder zurückkommen, um die Wut des Parteigeistes zu zügeln; um vor dem Unheil ausländischer Intrigen zu warnen; um sich vor den Betrügereien eines vorgetäuschten Patriotismus zu schützen; Diese Hoffnung wird eine volle Belohnung für die Sorge um Ihr Wohlergehen sein, mit der sie diktiert wurden.

Inwieweit ich mich bei der Ausübung meiner Amtspflichten von den dargelegten Grundsätzen leiten ließ, müssen die öffentlichen Aufzeichnungen und andere Beweise meines Verhaltens Ihnen und der Welt bezeugen. Für mich selbst ist die Gewissheit meines eigenen Gewissens, dass ich zumindest geglaubt habe, von ihnen geleitet zu werden.

In Bezug auf den immer noch andauernden Krieg in Europa ist meine Proklamation vom 22. April 1793 der Index meines Plans. Gestützt auf Ihre zustimmende Stimme und die Ihrer Vertreter in beiden Häusern des Kongresses hat mich der Geist dieser Maßnahme stets geleitet, unbeeinflusst von jeglichen Versuchen, mich davon abzuhalten oder abzulenken.

Nach sorgfältiger Prüfung und mit Hilfe der besten Informationen, die ich bekommen konnte, war ich vollkommen davon überzeugt, dass unser Land unter allen Umständen des Falles das Recht hatte, eine neutrale Position einzunehmen – und aus Pflicht und Interesse verpflichtet war, eine neutrale Position einzunehmen . Nachdem ich es angenommen hatte, beschloss ich, es, soweit es von mir abhängte, mit Mäßigung, Ausdauer und Festigkeit aufrechtzuerhalten.

Auf die Erwägungen, die das Recht, dieses Verhalten zu wahren, achten, ist es bei dieser Gelegenheit nicht erforderlich, näher darauf einzugehen. Ich möchte nur anmerken, dass dieses Recht nach meinem Verständnis der Angelegenheit keineswegs von einer der kriegführenden Mächte bestritten wurde, sondern praktisch von allen anerkannt wurde.

Die Pflicht zur Neutralität lässt sich ohne weiteres aus der Verpflichtung die Gerechtigkeit und Menschlichkeit jeder Nation auferlegen , in den Fällen, in denen sie frei handeln kann, die Beziehungen des Friedens und der Freundschaft unverletzlich aufrechtzuerhalten gegenüber anderen Nationen.

Die Weiterentwicklung des Interesses an der Beobachtung dieses Verhaltens lässt sich am besten auf Ihre eigenen Überlegungen und Erfahrungen zurückführen. Ein vorherrschendes Motiv für mich war das Bemühen, unserem Land Zeit zu verschaffen, seine noch jungen Institutionen zu etablieren und zu reifen, und ohne Unterbrechung den Grad an Stärke und Beständigkeit zu erreichen, der notwendig ist, um ihm menschlich gesehen das zu geben Herr seiner eigenen Geschicke.

Obwohl ich mir bei der Durchsicht der Vorfälle in meiner Amtszeit keinen vorsätzlichen Fehler bewusst bin, bin ich mir meiner Fehler dennoch zu bewusst, um es nicht für wahrscheinlich zu halten, dass ich möglicherweise viele Fehler begangen habe. Was auch immer sie sein mögen, ich flehe den Allmächtigen inständig an, die Übel, zu denen sie neigen, abzuwenden oder zu mildern. Ich werde auch die Hoffnung in mir tragen, dass mein Land nie aufhören wird, sie mit Nachsicht zu betrachten; und dass nach fünfundvierzig Jahren meines Lebens, die ich diesem Dienst mit aufrichtigem Eifer gewidmet habe, die Fehler inkompetenter Fähigkeiten in Vergessenheit geraten werden, so wie ich bald in die Villen der Ruhe eintreten muss.

Ich verlasse mich in diesem wie auch in anderen Dingen auf seine Güte und werde von der inbrünstigen Liebe zu ihm angetrieben, die für einen Menschen so natürlich ist, der in ihm über mehrere Generationen hinweg die Heimat seiner selbst und seiner Vorfahren sieht, und erwarte mit zunehmender Erwartung diesen Rückzug in dem ich mir selbst verspreche, den süßen Genuss, in der Mitte meiner Mitbürger teilzuhaben, den wohltuenden Einfluss guter Gesetze unter einer freien Regierung – das immer geliebte Ziel meines Herzens und die glückliche Belohnung – unumwunden zu erkennen Ich vertraue auf unsere gegenseitigen Sorgen, Mühen und Gefahren.

GEORGE WASHINGTON.

Vereinigte Staaten , 17. *September* 1796.